MINBAN GAOXIAO FUDAOYUAN ZHIYE NENGLI JIANSHE JI
TISHENG YANJIU

民办高校辅导员职业能力建设及提升研究

陶 辉 何 燕 阙小梅 著

中国海洋大学出版社

·青岛·

图书在版编目（CIP）数据

民办高校辅导员职业能力建设及提升研究 / 陶辉,
何燕, 阙小梅著. -- 青岛：中国海洋大学出版社,
2022.12

ISBN 978-7-5670-3379-5

Ⅰ.①民… Ⅱ.①陶… ②何… ③阙… Ⅲ.①民办高
校—辅导员—工作—研究 Ⅳ.①G645.1

中国版本图书馆CIP数据核字(2022)第246130号

出版发行	中国海洋大学出版社			
社　　址	青岛市香港东路23号		邮政编码	266071
出 版 人	刘文菁			
网　　址	http://pub.ouc.edu.cn			
电子邮箱	yyf_press@sina.cn			
责任编辑	杨亦飞		电　　话	0532-85902533
印　　制	三河市华晨印务有限公司			
版　　次	2023年1月第1版			
印　　次	2023年1月第1次印刷			
成品尺寸	170 mm × 240 mm			
印　　张	11.75			
字　　数	217千			
印　　数	1～1000			
定　　价	78.00元			

发现印装质量问题，请致电18133833353，由印刷厂负责调换。

前　　言

　　民办高校是我国高等教育事业的重要组成部分，肩负着培养社会主义合格建设者和可靠接班人的重要任务。民办高校辅导员是民办高校开展大学生思想政治教育的骨干力量，是学生日常思想政治教育和管理工作的直接组织者、实施者和指导者，在学生工作中有着十分重要的作用和地位。

　　作为我国高等学校里从事学生教育管理工作的第一线人员，民办高校辅导员的身份具有一定的特殊性。《普通高等学校辅导员队伍建设规定》指出："辅导员是高等学校教师队伍和管理队伍的重要组成部分，具有教师和干部的双重身份。"民办高校辅导员应当努力成为学生的人生导师和健康成长的知心朋友。

　　近年来，随着我国改革开放的推动和发展，我国高等学校教育教学改革和高等教育大众化也得到了加强。在新时代背景下，民办高校辅导员职业能力提升遭遇瓶颈。本书以民办高校辅导员职业能力的建设与提升为研究对象，通过理论研究与分析对民办高校辅导员职业能力进行了深入的探索，以期进一步加强民办高校辅导员队伍建设，提高民办高校大学生思想政治教育的针对性和时效性，促进民办高校的健康发展。

　　本书认为，民办高校辅导员职业能力的提升是民办高校提高人才培养质量的关键，是民办高校可持续发展的基础和保障。民办高校辅导员职业能力提升是一项较为复杂的系统工程，它需要依靠国家政策的保障、社会环境的支持、民办高校的重视、民办高校辅导员自身的努力等。只有这样，才能建设一支职业化、专家化的民办高校辅导员队伍，确保民办高校人才培养质量的提高。

　　本书在编写过程中参考了大量的文献资料，在此对原作者一并表示感谢。由于水平有限，书中难免存在一些不足，敬请广大读者批评指正！

陶　辉　何　燕　阙小梅

2022 年 9 月

目　　录

第一章　民办高校辅导员概述

第一节　民办高校辅导员工作特点与原则

一、民办高校辅导员工作特点

民办高校辅导员工作是一项极其复杂而又细致的工作。要想把该项工作做得卓有成效，不仅要充分认识民办高校辅导员工作的意义和作用，还要充分认识民办高校辅导员工作的特点和原则，只有如此才能指导民办高校辅导员工作实践。

正确认识民办高校辅导员工作的特点，可以使民办高校辅导员掌握其工作的内在规律，有效指导工作的顺利开展，使民办高校辅导员以强烈的责任感和事业心全身心地投入到教育工作中，在平凡的岗位上做出不平凡的贡献。民办高校辅导员工作特点主要有以下几点。

（一）复杂性

民办高校辅导员工作是一项极其复杂、细致的工作。一方面，民办高校辅导员工作的目标是复杂的。不同的教育环境、经历和接受教育的方式影响着青年学生，因此，学生个体之间存在着明显的个性差异。另一方面，民办高校辅导员工作的内容较为复杂。民办高校辅导员负责学生德、智、体、美、劳等方面的管理工作，包括对学生的思想教育、学习的教育和指导、日常班级管理、班级活动、协调各种关系等。民办高校辅导员的工作内容是全方位的，这决定了民办高校辅导员的多重角色。他们不仅是知识的传授者，还是班集体的管理者；他们不仅是各种教育力量的集成者，还是各种关系的协调者；他们不仅是为学生进行心理健康教育和咨询的医生，还是与学生进行平等沟通和交流的朋友。所有这些都体现了民办大学辅导员工作的复杂性。

（二）创造性

民办高校辅导员工作不仅是一门科学，还是一门教育学生的艺术。这一艺术的突出表现是民办高校辅导员工作的创造性。民办高校辅导员的工作对象是具有一定才能、理性、情感、意志和各种独特品质的年轻学生。学生是有生命的个体，每个个体都有自己的客观生活环境、独特的发展规律。因此，在班级集体教育的过程中，存在着各种复杂的需求。这就要求民办高校辅导员采取有针对性的教育方法，创造性地探索班级集体教育管理模式，找到符合班级实际情况的模式。

（三）情感性

民办高校辅导员工作的对象是人，人是有情感的。民办高校辅导员工作是一种能够感动和塑造人心灵的工作。感人心者莫先于情，只有对学生倾注爱的情感，才能赢得学生的信任；只有热爱学生，才能使学生对教师产生好感，形成师生的正向情感"对流"，即用爱来换取爱，用信任来换取信任。民办高校辅导员对学生的爱是他们教育学生的情感基础，也是他们教育艺术的重要体现。

青年学生的情感发展要求民办高校辅导员的工作具有情感化的特点。青年学生正处于身心变化、智力发展、情感需求等快速变化时期，充满矛盾。一方面，随着自我意识和独立意识的增强，他们渴望摆脱成人对他们的各种干预和约束；另一方面，学生的身心尚不成熟，他们常常会在思想上感到困惑，在情感上感到矛盾。这就需要民办高校辅导员理解和关心学生，与学生平等交流，提供有针对性的教育。民办高校辅导员应该对学生充满热情和爱心，并让这种爱心贯穿其工作。

（四）示范性

民办高校辅导员本身就是一种教育资源，民办高校辅导员的人格形象对学生有着最具体、最直接、最深刻的影响。一般说来，民办高校辅导员与学生接触的时间和机会是最多的。学生具有天然的向师性，民办高校辅导员往往能成为学生最直接的榜样和楷模。民办高校辅导员的高尚人格会像丝丝春雨，"随风潜入夜，润物细无声"，潜移默化地影响学生的人格。"在教育中，一切应当以教育者的人格为基础，因为教育的力量往往来自人格这个活的源泉。任何规章和纲领，任何人为设置的组织都不能取代教育事业中每位从教育者的个性……离开教育者人格对受教育者的直接影响，那么真正深入性格的教育是不存在的。"民办高校辅导员作为特殊的教师，对学生的影响要比一般教师的影响大得多。民办高校辅导员的一言一行、一举一动，甚至喜好都会被学生效仿。学生对民办高校辅导员的这种向师性、模仿性，要求民办高校辅导员必须严格地要求自己。"学高为师，身正为范"，民办高校辅导员要以身作则，为人师表。许多优秀的民办高校辅导员都注重以自己高尚的人格来影响学生，要求学生做到的，自己首先要做到；要求学生衣着整洁、仪表端庄，自己首先要注意仪表和举止；要求学生不迟到，自己首先要天天按时或提前到校；要求学生热爱劳动，自己就不能怕脏怕累；要求学生做个诚实的孩子，自己首先要做到表里如一。民办高校辅导员的表率作用是一种无声的命令，他们身上体现出来的优秀品行和崇高精神会使学生信服、效仿，能激发出学生对真善美的追求。

二、民办高校辅导员工作的原则

民办高校辅导员工作的原则是民办高校辅导员对学生进行教育必须遵循的基本要求，是其处理工作中一些基本矛盾和关系的准则。它是根据民办高校辅导员工作的性质、任务和特点提出来的，是对广大民办高校辅导员工作经验的概括和总结。学习和掌握民办高校辅导员工作原则，对于民办高校辅导员掌握工作艺术，提高工作成效具有重要意义。

民办高校辅导员工作的原则是在习近平新时代中国特色社会主义思想指导下，根据教育目的、民办高校辅导员工作任务，以及青年学生身心发展的特点总结概括出来的，也是广大民办高校辅导员和理论工作者在工作实践和研究中，随着对民办高校辅导员工作规律认识的不断深化而不断丰富和发展的。因此，民办高校辅导员在探索其工作规律的过程中，既要遵循民办高校辅导员工作的总的原则，又要不断发现新问题，总结新经验，形成并不断完善有自己特色的工作原则。一般来说，民办高校辅导员在工作实践中应贯彻以下四个主要原则。

（一）全面整体性原则

全面整体性原则是指民办高校辅导员要贯彻"面向全体学生""对全体学生的全面发展负责"的基本要求，同时要把民办高校辅导员工作视为一个系统，着眼于各构成因素的关联性，从总体上有计划、有目的、有组织地开展民办高校辅导员的工作，以提高其工作的整体效果。

全面整体性原则是根据全面发展的目标和系统论的整体观念提出的。系统理论认为，当组成整体的各个部分单独存在时，往往具有各自不同的性质和功能，如果将这些分散的部分按照一定方式组成整体时，其整体的性质和功能就会发生变化，往往会出现"整体大于各个孤立部分之和"的情况。所以，民办高校辅导员在组织班级活动、对学生进行教育时，必须坚持全面整体观念。民办高校辅导员工作的一切目标都是围绕促进学生德、智、体、美、劳全面发展而确立的。

贯彻全面整体性原则的具体要求有以下几方面。

1. 面向全体学生，对学生全面负责

这是由社会主义教育的性质所决定的，也是由民办高校辅导员工作的任务、目标所规定的。面向全体学生，民办高校辅导员必须从对每一个学生负责做起。一方面，对学生要一视同仁，平等对待。民办高校辅导员绝不能以学生家长社会地位的高低和财富的多少来决定自己对学生的亲疏好恶；也不能以学生智力的高低、品行的优劣、个性的差异、能力的强弱来判断学生的好坏，并表现出对某些学生的偏爱或者歧视。另一方面，要使每一个学生都能在原有基础上有所进步和发展。这需要民办高校辅导员确立起"相信每个学生都能成功"的观念，绝不放弃任何一个学生，不能只重视学优生，还要特别重视中等生，尤其是后进生。能否让每个学生都得到发展和提高是检验民办高校辅导员工作实绩好坏的一条重要标准。

2. 对学生全面负责，促进学生的全面发展

民办高校辅导员要坚持以德育为首，"五育"并举，改变"五育"分离、顾此失彼的错误做法。德育、智育、体育、美育、劳动技术教育有着各自的作用和价值。一方面，它们各自构成一个独立的组成部分，相互之间不能取代；另一方面，它们之间是相互渗透制约、相辅相成的整体，缺一不可。民办高校辅导员要端正教育的指导思想，提高学生的全面素质，促进学生的全面发展。

3. 重视学生的个性发展，培养学生的创新能力

个性发展是指人的兴趣、需要、理想、信念、世界观和气质、性格、能力等的发展。促进学生的全面发展，并不是用统一的模式育人，用一把尺子去衡量所有学生，要求所有学生"齐步走"，而是要承认学生之间的个体差异性。民办高校辅导员应该把全面发展与因材施教结合起来。也就是说，要在面向全体学生的前提下注意学生的个性差异，在学生全面发展的要求下注意发挥学生的特长，重视并促进学生个性的健康发展。

素质指的是人的个性化特征及表现此特征的若干要素。在人的素质的诸多要素中，创新是核心要素。民办高校辅导员要重视对学生的创新意识、创新思维、创新精神、创新能力进行培养，使学生成为具有创新精神和实践能力的德、智、体、美、劳全面发展的时代需要的创新人才。

4. 树立全面整体观念，提高民办高校辅导员的工作效率和质量

民办高校辅导员的工作很多，每项工作的具体内容和作用也各不相同。例如，理解学生是一个重要的前提；组织和培训班集体是中心环节；协调校内外

各种教育力量是学校办学的重要保证；开展班级活动是班级集体建设的有效载体。民办高校辅导员的各项工作是一个相互联系、相互作用的过程。这需要民办高校的辅导员把每项工作作为一个有机整体，不仅要关注当下的工作，还要为了保证整体的优化，统筹规划，突出重点，抓住主要矛盾，从而提高工作效率。

（二）师爱情感性原则

所谓师爱，即教师对学生的爱，它包含了对全体学生的热爱、尊重、理解和期待。师爱情感性原则是指民办高校辅导员在工作过程中，要自始至终对学生倾注师爱的情感，即通过自己真挚的爱心去感染、感化、感动学生，从而取得良好的教育效果。

师爱是教育的基础和前提，是民办高校辅导员开展工作的最重要条件之一。古今中外的教育家无不重视这种师生情感关系。我国古代教育家孔子强调对学生施以"仁爱"，做到"诲人不倦"。《学记》里说："故安其学而亲其师，乐其友而信其道。"苏联教育家捷尔任斯基说："谁爱孩子，孩子就爱谁，只有爱孩子的人，才能教育孩子。"当代的青年学生渴望被尊重、被理解，追求人格平等，他们注重情感交流的心情特别强烈、迫切。只有真挚的爱，才能产生巨大的感召力，才能打开学生心灵的大门。

热爱学生是教师的天职，也是民办高校辅导员必须具备的情感品质。民办高校辅导员的工作成效如何，在很大程度上取决于民办高校辅导员对学生的态度，取决于民办高校辅导员是否对学生倾注热爱之情。

第一，热爱学生是教师职业所要求的。教师是一种特殊的职业，它以培养人、塑造人为目的。教师的劳动对象是人，是活生生的有个性、有情感的人。只有对学生倾注热爱之情，才能赢得学生的信任。只有热爱学生，才能在师生之间产生正向的情感"对流"。教师对学生的爱是教师高尚品德的体现，是师生情感的升华。

第二，热爱学生是素质教育对教师的基本要求。素质教育要求教师尊重学生的主体地位，在教育过程中，不能把学生当作容器，让他们被动地接受"灌输"，而应让学生积极主动地参与教育过程，开发学生的智慧，激发学生的创造性思维，提高学生的综合素质。要想做到这一点，教师必须关心学生、尊重学生的独立人格；同时，不断提高自身的业务能力，积极参与教学科研，在工作中勇于探索、不断创新，以自身较高的素质实现对学生的素质教育。

第三，关爱学生也是衡量教师师德水平高低的准绳。教育是一种能够感动和塑造人的心灵的工作，而"感人心者莫先于情"。关爱学生是教育学生的情感基础，也是教育艺术的重要体现。没有爱的教育是苍白无力的。苏霍姆林斯基说："有人问我什么是我一生中最重要的？我将毫不犹豫地回答：'倾注对于儿童的爱。'"他还强调，不喜欢孩子的人不能成为教师。教与学是教师与学生之间双向沟通、相互影响的过程。热爱学生的教师会在教育过程中，用真挚的情感、饱满的热情、精湛的知识启迪学生的心灵，引导他们走进知识的殿堂。教师的爱会激发学生的学习动机，培养学生积极向上的热情，促进学生的健康成长。只有把爱倾注到学生身上的教育才是成功的教育；相反，教师的歧视和冷漠会使学生关上心灵的大门，甚至产生抵触和对抗的不良情绪，导致教育的失败。因此，教师应以对人民教育高度负责的态度热爱学生，正确处理师生关系。

师爱情感性原则要求民办高校辅导员做到以下几个方面。

1. 了解学生，关心学生

全面了解学生是教育学生的起点和关键。俗话说，知之深，爱之切。关爱学生，要先了解学生。只有全面了解学生，情感才能相通，教育才能产生共鸣。尤其要对后进生进行全面了解，防止认识上的偏差。民办高校辅导员应该全面了解学生，关心每一个学生的成长。当然，了解学生、关心学生不是一朝一夕的事，而是一项长期的工作，需要贯穿教育教学的全过程。辅导员要花时间和精力，克服困难，即使在教学任务繁重的情况下，也要挤时间深入了解和关心学生，做学生的知心朋友。只有这样，学生才会把辅导员当作自己的良师益友。

2. 尊重学生，信任学生

民办高校辅导员要尊重学生，尊重学生的人格和自尊心，尊重学生的个性、爱好和隐私。尊重学生，要求辅导员把学生看作有自我意识、有主体需要的人。辅导员要尊重学生的主体地位，保护学生的自我意识，肯定学生的价值尊严。辅导员尊重学生、信任学生，才会建立一种平等、和谐的师生关系，才会让学生愉快地接受教师的"传道、受业、解惑"。否则，教育便无从谈起。辅导员要尊重学生的人格，不允许粗暴批评、压制、体罚、辱骂、讽刺学生。辅导员要信任学生，给学生信心和力量，鼓励、肯定学生身上积极美好的品质。面对有缺点和犯错误的学生，辅导员也要充分相信他们、尊重他们，引导他们克服缺点，改正错误，使他们在辅导员的信任和期待中不断进步。

3. 严格要求学生，不溺爱学生

民办高校辅导员对学生的爱是一种充满科学精神、持久而深厚的教育之爱。这种教育之爱包括对学生的严格要求和耐心教导，要求辅导员对学生不放纵、不溺爱。热爱学生并不是溺爱、宠爱学生，而是严格要求，从严治学。没有严格要求，就没有教育。辅导员对学生严格要求并不是一味斥责，而是要严而有理、严而有情、严而有度，把热爱与严格要求结合起来，做到严出于爱，爱寓于严，让学生在辅导员的真诚关爱中启迪心灵，在辅导员的严格要求中奋发成才。

（三）民主公正性原则

民主公正性原则是由我国学校社会主义的性质和民办高校辅导员工作的任务所决定的。所谓公正，是指在开展民办高校辅导员工作、实现教育目标的过程中，无论对人还是对事都力求客观公正，努力把每个学生培养成才。民办高校辅导员的工作不应因其个人情感的好恶，或以与学生关系的亲疏，或以学生的性别、成绩、相貌乃至家庭经济状况而受到影响。只有这样，民办高校辅导员才能赢得学生的尊敬和爱戴。民主原则是指在围绕如何实现教育目标的问题上，师生有同等的权利发表意见和做出努力。这就要求民办高校辅导员在工作中要有民主意识，发扬民主作风，为学生的发展、班群体的建设创造民主氛围。坚持民主公正性原则，有利于增强学生对民办高校辅导员的信任度，实现师生心理相容效应，建立和谐的师生关系；有利于为学生创设轻松愉快的学习环境，激发学生学习的兴趣和学习动力；有利于提高学生的道德意识和社会化程度。

贯彻公正民主性原则，民办高校辅导员要注意以下几点。

1. 强化公正民主意识

民办高校辅导员要全面、客观、深入地了解学生，防止主观性、片面化；对学生要从客观实际出发，防止和消除"成见效应""晕轮效应"；对学生要一视同仁，公平、公正、平等地对待每个学生，关注每个学生的成长。民办高校辅导员要树立民主意识，善于与学生在平等和谐的氛围中讨论班级工作，让学生充分发表意见，参与班级工作的决策。民办高校辅导员注重发挥班级学生干部的作用，对班务工作不能包办代替，要让学生干部发挥主观能动性和创造性，自己则做好指导和帮助工作，发挥教师的主导作用。

2. 正确科学地运用纪律和规章制度

纪律和规章制度是教育教学秩序的保障，也是学生个性发展和社会化的重要条件。民办高校辅导员在运用校规、校纪的过程中，必须树立以人为本的理念，坚持人性化的管理模式。纪律和规章制度服务于学校的教育目标。应避免严厉、侮辱、恶意的惩罚，不应对学生使用讽刺、嘲笑、恐吓等手段。教规作为一种教育手段，应在教育、管理和协调中发挥更大的作用。对于违反校规校纪的学生，民办高校辅导员应该及时让他们受到批评、教育和帮助，甚至给予他们纪律处分。

3. 要有宽广胸怀，善于接纳学生的不同意见

民办高校辅导员要有宽广的胸怀，正确对待学生的建议，认真听取学生的意见。即便学生给出的意见是不正确的甚至是偏激的，民办高校辅导员也要做好工作，肯定学生主动关心班集体的积极性，鼓励学生以主人翁的态度参与班集体的建设。在出现问题时，民办高校辅导员要控制情绪，避免采取严厉且有恶意的斥责和辱骂的做法。这些粗暴的做法不但不能增强学生的组织纪律性，而且会降低民办高校辅导员在学生中的威信，不利于他们做好民办高校辅导员工作。

4. 坚持公正与民主的辩证统一

民主公正性原则表明公正与民主辩证统一，是相互依存、相得益彰的关系，不可偏废。公正是民主的前提，民主是公正的保证。民办高校辅导员要做到公正无私，给每个学生提供发展、成长的空间，赋予每个学生民主的权利，使民主有广泛的基础。有了广泛的真正的民主，才有可能实现公平、公正。当然，公正不是绝对平均，民主不是不讲纪律的自由化，而是在社会主义教育方针原则指导下的公正民主。

（四）开拓创新性原则

开拓创新性原则是指民办高校辅导员要按照党的教育方针和素质教育目标，结合班级实际情况和青年学生成长规律，开展创造性工作。这就要求民办高校辅导员要以教育科学理论为指导，解放思想，实事求是，根据不同学生的不同特点和不同需求，确定教育内容和教育方法。由于不同年级、不同学生有不同的特点，因此，民办高校辅导员不可能采取固定的教育模式和方法。即使在同一年级、同一水平的学生中，学生个体之间也存在着很大的差异。因此，民办高校辅导员工作应立足于开拓创新。这是顺利完成民办高校辅导员工作，促进学生全面发展的重要条件，也是教育改革与发展的内在要求。

贯彻开拓创新性原则，民办高校辅导员要注意以下几点。

1. 树立开拓创新意识

开拓创新意识是指个人推崇创新、追求创新和以创新为荣的意识。这种意识是最具有生机和活力的一种开拓性的科学思维方式。民办高校辅导员需要具备这种开拓创新意识，要同思想僵化、墨守成规、因循守旧的观念做斗争，不迷信权威和书本，不拘泥于前人的经验，要具有永不满足的进取心，有开拓创新意识，善于发现问题、提出问题，具有强烈的"问题意识"，并能不断探索

解决问题的途径和方法。

2.努力拓宽知识视野，夯实创新基础

创新是在原有知识基础和能力上的创新。一般地说，一个人的知识面越广，积累的知识越多，其创造性思维就越活跃，创新能力也越强。所以，民办高校辅导员要想创造性地开展工作，就需要加强教育科学理论的学习，拓宽知识视野，有意识地学习与教师职业相关的学科知识，如教育学、心理学、伦理学、社会学、人才学、管理学、公共关系学、哲学、文学、艺术、历史；还要学习和了解一些看起来与其职业并不直接相关的知识，如政治经济学、社会环境学、社会调查研究、人口学、生物学、科学思维方法论，力求形成一个合理的知识结构，努力建构知识基础的大平台，从而提高自身的综合素质，启迪创造性思维。

3.养成独立思考的习惯，锤炼创新能力

具有较强创新能力的民办高校辅导员必须是善于独立思考的人。独立思考是指人在认识世界和改造世界的过程中，能够根据客观条件和自身需要，最大限度地发挥自己的思维能动性。创新能力是一种建立在大量特定知识基础上的智力活动，但它并不仅仅是一种智力活动。它不仅表现为对知识的吸收、重组、应用，还表现为一种追求创新的意识，一种发现问题、积极探索的心理取向，一种抓住机会的强烈欲望，以及积极改变自己和环境的韧性。民办高校辅导员应善于思考，勤于研究，经常向同事学习，相互合作。

4.勇于实践，善于总结

开拓创新离不开实践，总结实践经验是开拓创新的内在要求，是创造性思维的题中之义。要想取得显著的工作成效，民办高校辅导员除了要学习、借鉴别人的一些有益的经验，更重要的是在实践中探索。不断实践和对实践的总结是开拓创新的基础，民办高校辅导员要在教育科学理论的指导下，在深入调查研究的基础上，针对班级工作的实际情况，积极果断地做出决策，不断提出新问题，研究新情况，解决新问题。

第二节　民办高校辅导员工作性质与要求

一、民办高校辅导员工作性质

民办高校辅导员在完成高等教育为社会培养全面、合格的有用人才的总目标下所起的作用是极其重要的，在很多方面发挥着不可替代的作用。

一方面，民办高校辅导员在班级管理中发挥着重要作用。他们处于学校与学生接触的第一线，与学生保持着比较固定、密切的关系。学校的每一项要求和每一项活动的安排基本上都是通过辅导员传达给学生的。相应地，检查和监督学校纪律要求的执行情况、学生活动的组织和管理也是民办高校辅导员工作的重要组成部分。当学生在学习和生活中遇到困难，对学业有任何意见或建议时，他们通常会向辅导员报告情况并寻求帮助。可以说，辅导员是维系学校与学生之间正常关系的桥梁和纽带，是整个教育体系中的重要一环。虽然他们的工作很琐碎，但他们通过努力工作，可以使学校保持良好的教研环境，让教师从容教学，让学生安心学习。

另一方面，民办高校辅导员在学生成长中发挥着重要作用。民办高校学生的思维活跃，很容易接受新事物，同时，容易被不好的想法和行为所诱惑。可以说，他们正处于思维和人格发展的关键阶段。因此，民办高校辅导员应以自己的理性、情感和人格魅力，引导学生走上正确的道路，让他们顺利度过人生最关键的时期。无论做什么样的工作，都要注意方式和方法，只有方法正确得当，才能事半功倍。民办高校辅导员工作也是如此。

二、民办高校辅导员工作要求

民办高校辅导员工作要求是民办高校辅导员在教育和管理班级群体学生时必须遵循的基本规则和标准，是民办高校辅导员在工作过程中处理各种冲突和关系的基本准则。它反映了民办高校辅导员工作过程的规律和特点，因此，了解和掌握民办高校辅导员工作的基本原则，对民办高校辅导员工作实践具有重要的指导意义。特别是在当前的背景下，教育的外部环境发生着巨大的变化，民办高校辅导员工作面临着越来越复杂的问题。帮助民办高校辅导员更好地掌握工作技能，提高工作质量和工作效果显得尤为重要。

（一）尊重热爱与严格要求相结合

尊重热爱与严格要求相结合是指民办高校辅导员要尊重学生的人格和自尊，成为学生的亲密朋友，调动学生的主动性和积极性，严格管理和教育学生，使二者有机结合。

尊重学生、热爱学生是教师的职责，是师德的重要体现，是民办高校辅导员的基本素质。热爱学生的民办高校辅导员必然会得到学生的积极反馈，这有利于营造尊师重教的课堂氛围。

教师对学生的尊重和爱与家长对子女的爱既有联系又有区别，其基本内涵应该包括关爱、责任、理解和尊重。弗洛姆在《爱的艺术》中指出："爱是对爱的对象的生活和成长的主动关怀。如果缺乏这种积极的关心，就根本谈不上爱。"作为一名教师，民办高校辅导员不仅要喜欢青少年纯真的独特性，喜欢他们的真诚、坦率和活力，还要让他们通过自己的努力，使这些美好的东西可以得到完善和升华。民办高校辅导员对学生的尊重是指尊重学生的情感和人格，维护学生的自尊，平等地对待学生。

从严格要求的方面来看，首先，民办高校辅导员对学生严格要求符合社会的需要。民办高校辅导员对学生要求严格、管理科学，有利于学生抵制各种不良思想。其次，对学生严格要求符合教育本身的需要。民办高校辅导员的根本任务是培养德、智、体、美、劳全面发展的建设者和接班人。要完成这一光荣而艰巨的任务，他们就必须在指导学生思想行为方面提出更高的标准。最后，严格要求是学生思想行为发展的需要。青年学生正处于世界观、人生观形成的关键时期，因此，对他们必须有正确的方向引导和严格的要求。只有这样，他们才能形成正确的思想、性格，做出良好的行为。从某种意义上说，严格要求是促使学生产生正确思想的重要因素之一。可见，严格要求是民办高校辅导员开展思想教育和行政管理的重要保证。

民办高校辅导员的责任感集中体现为对学生的尊重、关爱与严格要求的统一。正是由于这种责任感，教师对教育事业"爱我所爱，无怨无悔"。这种责任感将关爱与严格要求结合在一起。正如马卡连柯所说："我的基本原则永远是尽可能多地要求一个人，也要尽可能地尊重一个人。"

实施这一原则的具体要求有以下几个方面。

1.在课堂上形成民主、平等、尊师爱生的师生关系

教师只有关爱学生、尊重学生、信任学生，才能激发学生的自尊、自信和自我完善。特别是民办高校辅导员，只有他们关爱学生，才能更好地表达自己的思想，了解学生的内心世界。只有当学生觉得民办高校辅导员是自己的好老师、好朋友时，他们才愿意分享自己的秘密。这样民办高校辅导员才能掌握学生的动态，使他们的教育工作更有针对性，能够达到更好的教育效果。当然，民办高校辅导员对学生的关爱不是偏心或溺爱，而是有原则的，是公正的、理性的、有教育意义的爱，并结合了严格的要求。

2.端正教育思想，关爱每一个学生

民办高校辅导员不但要关爱每一个学优生，也要关爱每一个学困生。学生存在缺点、错误时，民办高校辅导员可以对其严肃批评、耐心帮助，但不能一味地指责、冷漠、歧视，甚至采取讽刺挖苦、嘲笑、谩骂和变相体罚等损害学

生自尊心、侮辱学生人格的做法。学生的心灵是容易受到伤害的，培养学生的自尊心是民办高校辅导员面临的一项艰巨而又细致的工作。一个学生自尊心受到挫折，就会产生对抗性情绪甚至自暴自弃，变得难以教育。因此，民办高校辅导员的每一句话、每一个教育要求和措施，以及情感的控制和运用，都要有利于维护学生的自尊心和激发他们的上进心。

3. 对学生的严格要求应具有明确性、具体性、合理性

严格要求应该是在学生原有基础上提出的合理要求。这种要求应明确、具体、合理，一经提出，就要坚决执行。严格要求要充分尊重学生的实际，即严而有理。要求太低，无法调动学生要求进步的积极性；要求过高、过急，会使学生因达不到要求而丧失前进的信心。

4. 对学生的严格要求应有连续性、层次性

在学生达到一个阶段的要求后，民办高校辅导员要善于及时向他们提出新的更高的要求，不断督促学生向更高的目标迈进。

（二）塑造教育与改造教育相结合

塑造教育与改造教育相结合是指针对学生不同的心理和生活背景，进行塑造教育与改造教育相结合的工作。

塑造教育是指肯定学生原有的心理和思想背景中的积极因素。改造教育是指在否定学生原有心理和生活背景中的消极因素的基础上，通过教育不断地克服和纠正，使消极因素转化为积极因素。

塑造教育与改造教育相结合的原则是建立在包括儿童和青少年在内的所有人的心理构成基础上的。既要研究积极心理因素与消极心理因素的共存，又要研究积极心理因素占主导地位的基本规律。积极的心理因素占主导地位体现在自尊的作用上，决定了人的可塑性、可变性和可教育性。同时，每个学生原始教育的心理背景和生活背景也有很大的差异。在教育管理中，民办高校辅导员应根据不同学生的不同特点实施有效的塑造教育和改造教育，科学合理地将二者结合起来，以达到最理想的教育效果。

贯彻塑造教育与改造教育相结合原则的基本要求有以下几个方面。

1. 注意青年学生对教育管理的接受前提，坚持以塑造教育为主

青年学生处于少年向青年期发展的过渡期，他们原有的思想基础较为纯真，易受干扰；他们大多拥有良好的心理状态，但不稳定。因此，民办高校辅导员要把握青年学生的心理特点，坚持以塑造教育为主，即表扬与批评相结合，以表扬为主，奖励与惩处相结合，以奖励为主。

2.关注青年学生对教育管理接受程度的差异，有针对性地开展教育管理工作

接受差异是接受前提的延续和深化。对于相同内容和方法的教育管理措施，有的学生完全接受，有的学生部分接受，有的学生不接受，有的学生持抵制和反对的态度。接受教育管理存在差异的原因主要有两个：一是个体差异。每个学生的心理结构不同，过去所受的教育不同，由此形成的态度和价值观也不同，但是他们所接受的教育管理信息大致相同，这些均导致了他们对教育管理信息的接受程度不同。二是年级之间的差异。随着年龄的增长和在校青年学生所接受的教育管理信息的积累，学生对教育管理措施的接受和认可程度也会发生变化。因此，高年级和低年级学生在塑造教育和改造教育的程度和比例上存在差异。总体上，民办高校辅导员应注重塑造教育，适当增加改造教育的分量，即对于心理、思想背景好的学生，注重塑造教育；对于心理、思想背景欠佳的学生，注重改造教育，但不能突出一方面，忽视另一方面。

3.正确认识塑造教育和改造教育

由于个体学生与群体接受程度存在差异，民办高校辅导员在开展塑造教育和改造教育时应注意内容和方法的选择。在正常情况下，态度和价值观的差异往往会影响学生对教育管理内容的接受程度；而个性的差异更多地体现在学生对教育管理方法的接受程度上。因此，民办高校辅导员应慎重选择塑造教育和改造教育的内容和方法。在进行塑造教育时，民办高校辅导员提倡的内容要明确、具体，在赞扬先进的同时，可以补充批评落后的人。同样，在改造教育中，反对的内容也要明确具体，但在方法上要考虑到每个学生的个性。例如，对于性格外向的学生，民办高校辅导员可以对其进行公开批评，而对于性格内向的学生，则须指出其个别对话中的不足，并帮助他们改正。在实际应用中，塑造教育和改造教育的内容和方法往往是同时使用的，即在内容上提倡和反对，在方法上赞扬和批评结合使用，这样效果会更好。

（三）统一要求与从实际出发相结合

这一要求是指民办高校辅导员工作要按照学校教育的总体规划和统一要求来实施，同时要密切结合各班级的具体情况。既要坚持学校整体教育的统一要求，也要充分考虑班级的具体情况。培养合格的建设者和继承者，是教育工作的根本出发点和最终归宿，民办高校辅导员的工作也不例外。要实现这一教育目标，民办高校辅导员必须从每一项具体任务出发。做好学校工作的基础在于班级，但每个班级不同，情况也不同。因此，民办高校辅导员要实现学校教育的统一要求，就必须结合班级的具体情况，不能把统一要求变成口号和空谈。

要落实好这一原则，民办高校辅导员在工作中必须注意以下几个方面。

1. 学校教育力量与社会影响的关系

第一，重视学校内部各种教育因素的关系。也就是说，民办高校辅导员应该在学校的统一领导和安排下，与学校的其他教育参与者交流信息，协调工作，而不是互不沟通。第二，重视学校、家庭和社会的影响。其中，学校教育起主导作用，但家庭和社会的影响也不容忽视。实践证明：民办高校辅导员工作不仅可以在学校里开展，还可以推广到每个学生的家庭乃至社会，如此，才能取得良好的效果。因此，民办高校辅导员应主动走出校门，联系学生家庭和学校所在社区，为学生的健康成长创造良好的社会环境。

2. 全面发展与学生个性发展的关系

我国的教育宗旨规定了人才培养的规范和要求，但民办高校辅导员不能以此为由，用模型来塑造人，抹杀学生的个性。由于遗传、环境和早期教育因素的差异，每个学生在兴趣、爱好、智力、能力等方面都有很大的差异，这是客观现实。强调全面发展的统一并不意味着牺牲学生个性的发展。事实上，二者并不矛盾。真正意义上的全面发展就是要使每个学生在自身发展的基础上有自己的发展方式，让智力和体力得到充分和自由的发展。

3. 学校的要求与班级的实际情况的关系

一般来说，学校的要求一方面反映了社会对教育或人才的客观要求，另一方面必须考虑学生的年龄特点和地区差异的实际情况。学校的要求应该在教育工作中转化为行动。民办大学辅导员的理解至关重要。辅导员在民办大学既不能单方面强调自己的特殊性，忽视学校的统一要求，走自己的路，采取一种不合时宜的方法，影响学校的总体规划，也不能机械地、片面地理解学校提出的统一要求，忽略了本班实际情况。二者都违背了统一要求和从实际出发的原则，不利于正常开展民办高校辅导员的工作，从而影响学生的发展。

（四）言传与身教相结合

言行结合要求民办高校辅导员在任何时候都要以身作则，在日常生活、学习、工作中都要成为学生实践各种教育要求的榜样。

以身作则重于教学，这是中国教育思想的优良传统，也是教育实践工作中不可忽视的教学原则。民办高校辅导员的工作就是为学生提供一个符合思想、言语和行为规范要求的物化模型。他们不仅影响学生的行为，还对学生的道德认知和道德情感产生强烈的影响。

1. 要善于言传

第一，要树立正确的教育观点。民办高校辅导员应加强对学生的说服教育，以理服人。要做到这一点，辅导员就必须加强理论学习，认真研究学生的心理、思想、行为发展规律，以形成正确的教育观念。

第二，不断提高语言艺术水平。语言是表达思想的基本形式，是传递知识和影响学生的主要手段。民办高校辅导员的语言要活泼、幽默，有感染力，不能直白、死板、粗劣、冷漠。语音语调要有节奏，要根据教育的对象和教育内容正确使用表情和手势。此外，民办高校辅导员的语言表达要灵活。在对话过程中，民办高校辅导员必须对学生的问题做出快速且有针对性的语言回应。

2. 严于律己，身体力行，做学生的表率

如果民办高校辅导员的品德高尚，言行一致，说得在理，做得也好，那么他的威信就高。民办高校辅导员的语言是有声的行动，而行动是无声的语言；前者能使学生信服，后者能让学生敬仰佩服。

（1）民办高校辅导员应以身作则，要有强烈的表率意识。

（2）民办高校辅导员要加强自身修养，提高自身素质，其表率作用应是永恒的、真实的。正如《礼记·大学》所载："此谓诚于中，形于外，故君子必慎其独也。"意思是说内心的真实一定会表现到外表上来，所以品德高尚的人哪怕在独处的时候也要谨慎。这就要求民办高校辅导员要时刻注意自己的言行举止、道德修养，常常自我反省，诚恳地进行批评与自我批评，由表及里地向学生展示其良好的形象。

第三节 民办高校辅导员角色定位

一、民办高校辅导员的各种角色定位

（一）民办高校辅导员的管理角色定位

1. 民办高校辅导员概念

"民办高校辅导员"比较规范的定义是在 1989 年出版的《简明思想政治教育辞典》一书提及的。书中提出："民办高校辅导员是在高校基层管理和开展思想政治相关内容的工作人员，他们有着从事思想政治相关工作的决心，有工作激情和活力，能够创造性地开展学生管理工作，把握好当代大学生的思想动态，真正为学生解决困难，引导和帮助他们更好地成长和成才。"

民办高校辅导员工作管理包括各高校按照国家政策及相关规定，对民办高校辅导员实施的培训、选拔、晋升、考核奖励等专业化民办高校辅导员队伍的管理。民办高校辅导员管理中的"管理"更倾向于对学生个体的管理工作。

2. 民办高校辅导员角色定位的界定

民办高校辅导员的角色定位包括两个方面：一是公共管理中提到的社会角色定位，指的是人们在社会关系中的具体地位。人们在社会关系中扮演着不同的角色。因此，人们在社会中的角色是多样化的，他们会随着社会的变化而变化。一个人的角色具有相应的权利、义务和行为模式。二是高校管理者、学生、家长和其他社会成员对民办高校辅导员的期望。角色期望是社会为特定地位的人制定的一系列外部行为规范和行为模式。它将社会结构和角色行为联系起来。民办高校辅导员是管理学生工作的主力军。

3. 民办高校辅导员角色定位的内容

在我国教育飞速发展的今天，民办高校辅导员发挥的作用越来越多面化。这意味着民办高校辅导员管理工作的范围在逐步扩大，开始从最初的单一的思想政治工作发展到现在的综合思想政治教育、就业指导、专业指导、宿舍管理等。

（1）高等教育要求调整民办高校辅导员的角色。一是大学教育对学生的期望是从最初的树立正确的思想政治观念转变为树立正确的世界观、人生观、价值观等方面。因此，民办高校对辅导员的期望是其政治性和思想性的提高。二是高校教育开始逐步扩展到学生主体教育。民办高校辅导员要对学生进行爱国主义、道德规范、传统美德等方面的教育，要以身作则，遵守良好的道德行为规范，在学生中起表率作用。三是提高民办高校辅导员的素质和能力。素质教育的最终目标是使学生全面发展。这就要求民办高校辅导员不断学习，提高自身素质；同时，促进自我综合能力的发展，以达到高等教育对民办高校辅导员的新要求。

（2）高校要求调整民办高校辅导员的工作角色。2015 年，江西理工大学在其发布的民办高校辅导员的应聘要求中规定："须熟悉大学生教育、管理、服务工作的基本知识和基本方法，具有较强的口头表达能力、写作能力、计算机能力和组织协调能力；须为中共党员（含中共预备党员），在本科或研究生学习阶段担任过校、院主要学生干部一年以上，并在担任该职务期间获得校级及以上优秀学干、优秀团干表彰；须为 2015 届全日制普通高等学校硕士研究生，年龄在 28 周岁（1987 年 6 月 30 日以后出生）以下。"由此可以看出，高校对于民办高校辅导员个人能力、专业特长、学历层次、经历及年龄都做了详细的规定。这表明民办高校辅导员的角色已经转变为更加高层次、高效率、高专业能力的负责管理、组织、协调工作的角色。

（3）大学生期待进一步定位民办高校辅导员的角色。大学生是民办高校辅导员管理工作中直接的对象，他们对民办高校辅导员的认知从"保姆式"管理逐步转变为期望民办高校辅导员有丰富的内涵，能够从学生的角度来帮助和引导他们的"专家型"管理。研究表明，现在高校大学生对民办高校辅导员角色的排序如下：人生发展的导航者、了解学生的知心朋友、以身作则的模范、生活的关怀者、学习的引导者、心理问题的疏导者、学校与学生之间的协调者、思想政治方面的辅导者、班级建设的管理者。此项研究结果表明，高校学生对民办高校辅导员从前单一的角色提出了挑战，同时为民办高校辅导员从单一角色向多重角色的转变提供了依据。

（4）民办高校辅导员期望自己转变角色。随着民办高校辅导员经验和能力的增强，他们对自身角色的期望也在逐步转变。一是在管理学生工作方式上由"单向灌输"转变为"互相促进"。民办高校辅导员在管理学生的过程中更善于听取学生的意见或建议，总结分析，使之成为经验和规律性的内容，促进学生和自身的共同成长。二是在新时代背景下，我国民办高校辅导员对提高自身的理论素养已经由之前较被动的学习，转变为主动的学习，各方面的知识储备也为民办高校辅导员工作的深入、高效开展提供了保障。三是民办高校辅导员对晋升认识的转变。民办高校辅导员对自身的期待值变高，越来越多的民办高校辅导员想通过晋升途径成为学工管理者、学院领导人、教育专家等。如此，他们不仅能更好地为社会、高校服务，还能更加专业化、职业化地为学生服务。

（二）民办高校辅导员的工作角色定位

1.学生思想政治的教育者

思想政治教育工作是民办高校辅导员最初的工作内容，包括思想、道德、政治方面的教育。此项工作已经发展为两个方面：一是民办高校辅导员根据政治理论的相关教材，结合当前的形势，做好培养学生价值观的理论基础，一般由高校任课教师负责做好该项工作的政治任务课。二是民办高校辅导员做好行为教育，在日常学生管理工作中，指导学生的道德实践活动，规范学生的日常生活行为。例如，民办高校辅导员根据学生的心理状态和班级特点，开展促进班风形成的建设活动，从而提高学生的人文素养，培养学生的公德意识和服务奉献精神。这就要求民办高校辅导员具有较高的政治意识和政治素质，政治立场和政治原则与党中央保持高度一致，具有较高的理论素质和相关水平，充分利用学生社团活动、文娱活动等创造良好的氛围。同时，民办高校辅导员要及时了解学生的疑惑和困难，进行分析和研究，将理论知识融入学生的日常生活，为学生解决问题和分析问题，从而提高学生的政治文化水平和政治敏锐度，让学生形成正确的思想政治观点，具有服务和奉献精神，从而成为优秀的社会主义接班人。

2.学生日常事务的管理者

当今社会是一个信息社会。随着我国经济和技术的快速发展，人们面临着越来越多的竞争压力。大学生的心理状态还处于成长和不成熟的阶段，当遇到一些问题或面对压力时，如学业或人际问题、青春期的烦恼、考试或就业问题，他们往往无法及时调整。这些会直接影响大学生的心理状态和心理发展。民办高校辅导员应该多与学生进行沟通和交流，及时掌握学生当前的心理状态和心理特点，及时发现问题，开展深入细致的心理健康教育，及时提供心理咨询，帮助学生形成健康的心理，提高防御水平，增强抵御挫折的能力。特别是在处理高校贫困生问题时，民办高校辅导员应及时了解贫困生的生活状况，给予他们更多的鼓励和指导，以增强贫困生的信心和勇气，尽可能地解决他们的实际困难。现在越来越多的高校要求民办高校辅导员要有"心理辅导员"证书，这也体现了社会和学校对这一方面的重视和肯定。

（三）民办高校辅导员的专业角色定位

专业性在理论上被定义为学科的分类，在实践活动中被定义为专门的一种职业。如今，越来越多的职业开始走专业化的道路。

专业化是职业发展的高级别阶段，是职业分化的结果。专业性强调了掌握专业知识和业务的能力。我国社会公众和高校对民办高校辅导员的观念发生了转变，充分认识到了民办高校辅导员工作专业性的重要。民办高校辅导员的专业性角色包括民办高校辅导员遵守职业道德规范、具有专门知识和技能、具有长期从事此项工作的决心、具有事业的理想和服务理念等。

二、民办高校辅导员角色定位的特点

大学生的日常管理工作是一项非常烦琐的工作，是民办高校辅导员最基本的工作。这项工作可以分为以下两个方面：首先是学生的日常事务管理。由教育部对民办高校辅导员职责的相关规定可以看出，辅导员工作具有普遍性、重复性和可预见性。学生的日常事务管理可分为以下三方面：一是班级管理，包括班级学风建设、学生宿舍健康安全管理、新生军训协助、新生入学教育、学生干部培训选拔等；二是学生信息管理，包括党员发展与评价，学生资料的收集与选择，学籍档案、奖学金助学金评选等；三是管理学生实践活动，包括篮球赛、运动会、迎新、毕业晚会等。其次是紧急情况的管理。它是指民办高校辅导员在普通学生事务管理中第一时间需要面对和处理的、发生时间和地点不确定的事务。它是个人的、暂时的、不可预测的，主要包括国家各部门或高校的临时活动。例如，组织学生参加国家或学校组织的一些大型政治或非政治活动，国家有关领导人视察，学者、专家等重要人物的讲座，或收取学校学费，学生宿舍安全和消防检查等；学生内部的紧急情况，包括学生之间的纠纷和冲突，学生与学校之间的冲突，以及学生自身遇到的心理问题，如失恋、意外、疾病。

三、完善民办高校辅导员角色定位的对策

（一）明确我国民办高校辅导员角色的职能定位

1. 民办高校辅导员的教育、引导角色的职能定位

2017 年，教育部发布了《普通高等学校辅导员队伍建设的规定》（以下简称《规定》）的修订情况。《规定》要求"民办高校辅导员必须是中共党员"且"不得有损害党和国家利益以及不利于学生健康成长的言行"。我国之所以有此项规定，是因为民办高校辅导员需要做好大学生思想政治方向和价值观取向的教育和引导工作，这是其最主要的职责。民办高校辅导员需结合大学生的思想现状和社会形势发展的情况，通过主题班会、教育讲座、交流讨论会等主体化设计的教育内容，来对大学生进行集中教育、引导，同时要注意尊重大学生的成长规律，区分层次的教育目标要求，区分工作阶段的思想发展要求，区别对待差异性的教育方式，真正做到个性化服务。

2. 民办高校辅导员的事务管理角色的职能定位

我国民办高校辅导员的事务管理职能主要集中在对学生日常思想教育活动和日常行政工作的组织管理上，这是辅导员最基本的职能。民办高校辅导员应将思想政治教育工作落实到学生日常管理中，做到严格与关怀相结合，教育与管理相结合，把学生的健康成长作为教育与管理的出发点和落地点。民办高校辅导员应按照规定实行民主化，保护学生的合法权益，积极听取学生的建议和意见，本着"以人为本"的理念管理学生事务。

3. 民办高校辅导员发展指导作用的功能定位

民办高校辅导员的发展指导作用在我国主要指的是在新时代的要求下，民办高校辅导员需要结合思想政治教育为学生提供指导发展和生活规划。民办高校辅导员在对学生进行咨询时，必须以学生的意愿为基础，不能强迫或命令。他们必须为大学生的成长提供相应的辅助服务。服务是本质，培养学生的积极性、参与性和创造性是目的。

我国民办高校辅导员不是单纯从事行政管理工作的行政人员，不是直接教授学生理论的教师，也不是一般意义上的服务人员。他们是以学生发展为主体的一个特殊群体，应做到在管理中进行服务，在服务中进行引导。

（二）完善我国民办高校辅导员角色定位的相关政策，增强民办高校辅导员的自身角色意识

1. 落实民办高校辅导员职称评聘政策，明确民办高校辅导员的教师角色

民办高校应该结合实际情况，按统一的岗位结构比例设置合理的教师职务和民办高校辅导员职务岗位。各高校应依据民办高校辅导员的岗位职责、任职条件等相关要求，从高校实际出发，在突出各岗位的工作特点的基础上，制定出评聘教师职务的具体细则或条件。

目前，我国民办高校教师岗位的评估和就业要求或细则已经制定，但对民办高校辅导员岗位的评估和就业要求没有明确的规定，这将严重影响民办高校辅导员的工作热情，不利于民办高校辅导员队伍的稳定。

民办高校应当根据民办高校辅导员的职责，制定考核民办高校辅导员专业技术能力水平的标准或细则。要想考核民办高校辅导员的思想政治教育能力或业绩，以及其他工作的专业技术水平，可参照教学教师职务的初、中、高级考核聘任方法，分为初级民办高校辅导员、中级民办高校辅导员、高级民办高校辅导员。其中，初、中级民办高校辅导员可以把重点放在完成实际工作和完成效果上，高级民办高校高级辅导员应重点关注他们的领导能力、组织能力、创新能力和绩效结果。

2. 改善民办高校辅导员的科研条件，重视民办高校辅导员的科研工作角色功能

民办高校辅导员在做好学生思想教育引导工作的同时，学习和累积了一定的工作经验和理论知识，如果将这些优秀的教育经验进行详细、全面的归纳总结，将取得良好的科研成果。各地方政府应该严格按照教育部下发的《规定》的要求，鼓励和支持民办高校辅导员在结合大学生思想政治教育的工作经验的基础上，对思政教育学科进行深入研究。各地教育部门应成立专门的思想政治教育的课题组，针对大学生思想政治教育中出现的问题及应对方案进行深入研究，并保证研究方向的规范性和可行性。

3. 加强对民办高校辅导员的培训，正确认识民办高校辅导员的作用

各高校应加强对民办高校辅导员的培训力度，加强对马克思主义理论的学习，不断用党的最新理论武装自己，不断提高辅导员工作的质量和水平。

（三）我国民办高校辅导员新的角色定位

1. 功能型角色定位

目前，我国民办高校辅导员的工作主要是对学生进行日常管理，即事务性管理。新时期民办高校对辅导员工作提出了新的要求，民办高校辅导员工作不能被事务性管理所替代。因此，辅导员不仅要将时间和精力放在总结经验、提高管理效率方面，而且应在符合我国规定的总体要求和目标下，将更多的时间和精力投入到正规的工作方法学习中。

2. 专家型角色定位

以往，我国民办高校辅导员在管理学生时，更多的是面面俱到、事事操心，是"保姆型"辅导员。他们缺乏思想政治教育学科的专业知识，很难成为专家型民办高校辅导员。而在当前国内外形势迅速变化，大学生的思想越来越呈现出个性化等特点的情况下，我国对于民办高校辅导员专家型角色的要求越来越迫切。专家型民办高校辅导员应具有大局意识、敏锐的政治视角，能及时了解当前国家政策的水平，能把握住国内外形势，这样才能在当代大学生价值观或政治思想上出现偏差时说服学生，从而及时纠正并加以引导。辅导员还应具有成熟、正确的价值观、世界观和人生观，在学生进行学业、就业规划时，给予他们正确的指导。同时，民办高校应鼓励辅导员把学生工作作为研究课题来进行深入研究，争取在理论、实践、学术上取得成果，为他们进入专家型角色给予理论支持，从而推动民办高校辅导员队伍向专家化方向发展。

3. 实效型角色定位

据统计，我国民办高校辅导员在学生事务管理工作内容中以"按学校下发的文件或规定管理"为主要工作内容。这种流于表面的管理方式或形式无法真正了解学生的深层次的需要，难以有针对性地开展工作。因此，关注以学生为主体的深层次、多方面的需要，及时发现学生的自我评价、自我肯定、社会认识等方面的心理问题，从根本上满足学生的实际需要，疏导学生的心理压力，对其自我肯定进行引导，才符合现阶段我国民办高校辅导员实效型角色的定位。

4. 互相促进型角色定位

我国民办高校辅导员与学生之间的角色定位往往是"管理与被管理""命令与服从"的关系。这种关系往往忽略了学生自己的想法。在新时代背景下，我国民办高校辅导员应善于发现学生的动态，有效并及时地与学生沟通，收集并归纳学生的意见或建议，分析并总结出现的问题，从而使民办高校辅导员在工作中能够与学生互相学习，积累更多的经验，提高自身的业务能力，明确其互相促进型角色的定位。

5.适当的情感定位

教育心理学家认为，在教育中，教育者与受教育者在情感方面应保持一种良好的互动关系，这将对学生的学业成绩和教师教育的有效性产生关键且有利的影响。民办高校辅导员在与大学生接触的过程中要始终保持着积极的态度，学会倾听学生的声音，思考学生的想法，与学生进行真诚、深入的交流，像朋友一样理解、沟通、引导，在知根知底的基础上与学生建立真诚的友谊。这将大大增强民办高校辅导员在学生中的信任度和吸引力，提高教育效果。

第四节　民办高校辅导员与学生的主要关系

一、构建民办高校辅导员与学生和谐关系的重要性

在新时代背景下，构建民办高校辅导员与学生的和谐关系是构建和谐社会、和谐校园的重要组成部分，是民办高校辅导员做好学生工作的基础和需要，是民办高校大学生健康成长成才的需要。

（一）辅导员是民办高校建设和谐校园的需要

和谐社会是一种理想的社会状态，是人与自然、人与社会和谐相处的理想状态。在新的历史时期，弘扬我国自古以来倡导的和谐为贵、和谐为美的社会思想，建设社会各界和谐相处的氛围，是中国共产党和广大人民的根本利益所在。

和谐校园是和谐社会的重要组成部分。高校肩负着为社会主义现代化建设培养高层次人才的神圣使命。高校的和谐直接关系到整个社会的和谐。和谐校园是由和谐的校园环境、和谐的校园文化、和谐的学术氛围和和谐的师生关系组成的。高校的主体是学生，民办高校学生在校期间与辅导员接触最多。建立良好的师生关系是构建和谐校园的基本前提。高校要加强和改进思想政治教育工作，重视对学生的人文关怀和心理疏导，用正确的方法处理民办高校辅导员与学生的关系，使师生关系可以以健康的方式发展，从而促进和谐校园的建设。

（二）辅导员是民办高校辅导员做好学生工作的需要

中共中央国务院在《关于进一步加强和改进大学生思想政治教育的意见》中指出："思想政治教育工作队伍是加强和改进大学生思想政治教育的组织保证。大学生思想政治教育工作队伍主体是学校党政干部和共青团干部，思想政治理论课和哲学社会科学课教师，辅导员和班主任……所有从事大学生思想政治教育的人员都要坚持正确的政治方向，加强思想道德修养，增强社会责任感，成为大学生健康成长的指导者和引路人。"在民办高校中，民办高校辅导员承担着学生思想政治教育工作及与学生相关的绝大多数工作。也就是说，民办高校辅导员是和学生最为亲近的群体之一。与学生建立良好的师生关系有助于民办高校辅导员顺利地开展思想政治工作，更好地了解学生。

（三）辅导员是民办高校学生健康成长成才的需要

大学阶段是学生世界观、人生观、价值观形成的重要时期。虽然这一时期的大学生在一些问题上有独到的见解，但他们还不够成熟，需要专业人士的引导。

民办高校学生的成长成才离不开辅导员的关心和帮助。在他们四年的大学生活中，辅导员会在学习、生活、工作、情感等多方面给予他们积极的指导。可以说，民办高校辅导员的工作已经渗透学生成长的各个方面。

民办高校辅导员在指导学生成长和发展方面发挥着重要作用。那么，如何让学生更愿意接受民办高校辅导员的指导和帮助呢？民办高校辅导员与学生的良好关系是民办高校发展的前提和重要条件之一。

师生关系不和谐，学生对民办高校辅导员及其工作有抵触，不但不利于开展学生的思想政治教育工作，而且会使原本有益于学生成长成才的建议无法得到很好的实施和落实。甚至出现个别学生与民办高校辅导员"唱反调"的情况，这对学生的学习及健康成长是极其不利的。民办高校辅导员与学生的和谐关系有利于学生主动接受辅导员的指导和帮助，对其成长成才大有裨益。

教育部在全国高校设立了第一批国家级民办高校辅导员培训和研修基地，要求通过上岗培训、专题培训、高级研修、案例分析、学术交流等多种形式开展民办高校辅导员的岗位培训。

针对民办高校部分辅导员职业素养的缺失，特别是缺乏教育、心理学、管理、法律等专业知识的情况，专业培训是非常必要的。这不仅包括上述专业知识的培训，还包括日常工作、案例分析、研讨会等方面的经验交流。民办高校辅导员的职业培训不仅提高了辅导员的整体水平，还改变了高校教学等职能部门对辅导员工作不够重视的现状。辅导员工作并不是人人都能胜任的，需要经过专门的培训。

与此同时，民办高校应该根据自身的实际情况对辅导员在本校的职业发展进行规划，积极推动辅导员的职业化、专业化发展。要努力改善辅导员的工作条件，帮助他们解决生活上的困难，解决他们的后顾之忧，使其全心全意地投入学生的工作。此外，要根据辅导员的工作表现和专业水平，进一步完善辅导员助教、讲师、副教授、教授职称的考核聘任制度，并给予适当的政策优惠。

二、构建民办高校辅导员与学生和谐关系的对策

进入 21 世纪，我国高等教育的发展站在了新的历史起点上，高等教育在人才培养目标和培养模式上都发生了巨大变化。传统的学生管理模式和教育理念已经不能适应新时代的发展要求。民办高校辅导员在从事高校思想政治教育工作过程中，要适应新形势，从过去传统的工作观念中解放出来，转变观念，积极探索新的学生工作方法和途径，建立良好的师生关系。

（一）高度重视辅导员在学生成长中的作用

在新时期，辅导员工作是一项艰巨而富有挑战性的工作。辅导员需要不断学习，不断创新，与时俱进。他们还需要通过不懈的努力和积极的探索，不断提高自己的专业能力和专业素质，对学生的成长起积极的引导作用。民办高校应高度重视辅导员工作，对辅导员建设做出长远规划，配备优秀人才，为辅导员的个人发展提供广阔的平台。

（二）对民办高校辅导员队伍建设进行长远规划

1. 制定合理的民办高校辅导员管理制度

多年来，民办高校在师资配置、教学环境、学生素质等方面取得了前所未有的进步。新时期，民办高校要想进一步发展，必须建立完善合理的管理体制，才能在激烈的竞争中立足并扩大发展。在这一套管理体系中，民办高校辅导员管理体系的建立是重中之重。任何一所学校的发展都离不开学生，而学生的发展又离不开辅导员精心、用心的帮助和引导。没有一个配置科学、程序严格、措施有效的民办高校辅导员管理制度，就很难做好学生工作。

民办高校应根据教育部颁布的相关文件，结合学校自身的办学特点和发展实际，制定完善的辅导员管理制度，包括选拔、培训、考核、管理等方面，加强对辅导员的管理，进一步完善辅导员的工作制度。

2. 对民办高校辅导员进行专业化的培训

2006 年，教育部颁布的《普通高等学校辅导员队伍建设规定》中指出："各省、自治区、直辖市教育行政部门应当建立民办高校辅导员培训和研修基

地，承担所在区域内高等学校民办高校辅导员的岗前培训、日常培训和骨干培训，对辅导员进行思想政治教育、时事政策、管理学、教育学、社会学和心理学以及就业指导、学生事务管理等方面的专业化辅导与培训，开展与辅导员工作相关的科学研究。"要求刚刚毕业参加工作的年轻民办高校辅导员深入课堂，能对其所带学生的专业有进一步的了解，在专业上可以与学生有更多的话题和共识，从而能对学生的就业指导、专业技能训练、职业生涯规划提供很大帮助。

学生宿舍是学生活动的重要场所之一。辅导员仅仅通过学生的课堂学习和专业课程的成绩是很难全面了解一个学生的。这些学生在课堂之外也有亮点，需要被认可。学生宿舍是一个小的缩影，它可以让辅导员对学生有更深入、更详细的了解，通过在宿舍与学生聊天的方式，了解学生在课堂之外的一面。对于生活上有困难的学生，辅导员应该在参观和聊天的过程中了解他们的生活状况，并及时帮助他们解决困难。在节日期间，辅导员应给他们送上温馨的祝福和问候。

3. 做到"四个知道"和"一个跟上"

民办高校学生大多十分活跃，学习活动范围广，接触领域多。要想更好地掌握学生在校的基本状况，辅导员在日常工作中要做到"四个知道"，即知道学生在哪里，知道学生想什么，知道学生干什么，知道学生需要什么。做到"四个知道"，辅导员就能更清楚地明确学生的诉求，把握学生的动态，为进一步做好学生思想政治教育工作奠定前提和基础。

"一个跟上"是指思想政治教育工作要跟上。民办高校辅导员要始终明确自身的工作职责和职业定位，思想政治教育工作是辅导员工作的重中之重，贯穿辅导员工作的始终。

（三）民办高校辅导员与学生关系初探

民办高校辅导员是大学生思想政治教育和日常管理工作的实施者。高校学生管理工作主要是通过辅导员与学生的互动来完成的。辅导员与学生的关系是高校最重要的关系之一。新时期，辅导员与学生的关系受到教育国际化、和谐校园建设、重视人文关怀、心理咨询和思想政治工作等多种要素的影响。这一变化引起了理论界的极大关注。那么该如何界定民办高校辅导员与学生的关系呢？

1. 新型的师生关系

随着我国教育改革的深入发展，高等教育经历了由小到大、由大到强的转变。在这一转变中，高校人才培养目标主要是培养创新人才，培养具有一定社会责任感、创新精神和实践能力的复合型人才。这也给大学生的教育管理带来了新的挑战。传统意义上的师生关系已经不适应新的人才培养目标的需要，一种新的师生关系应运而生。

新师生关系是一种新型的师生关系，这种"新"体现在对传统意义上的教师教与学生学的基本关系的突破上。在这种关系中，民办高校辅导员既是教师，又是管理者，既是教书育人的人，又是服务育人的人，具有双重身份。民办高校辅导员在日常工作中，要注重对学生创新思维能力和实践能力的培养，关注学生的思想动态、心理健康、职业规划等方面，从多方面影响和教育学生。它超越了传统意义上教与学的关系，是一种新型的师生关系。

2. 真诚的朋友关系

民办高校大学生独立性强、自主性强。在与辅导员的交往中，他们更渴望平等、真诚的师生关系。辅导员要及时捕捉到这一讯息，在对学生进行思想政治教育时，更多的是以朋友的身份关心学生，和学生分享自己的成功经验，一起汲取失败的教训，彼此帮助，共同成长。师生之间的坦诚相待、辅导员的平等亲和，给师生关系标注了新鲜的定义，有利于辅导员工作的开展。

3. 亲近的家人关系

民办高校辅导员在与学生的互动中，应始终以思想政治教育为中心，以服务和管理学生为根本立足点。在服务管理中，服务教育与管理教育的理念也得到了整合。

特别是许多学生远离家乡和父母，独自在外学习。他们渴望在生活和学习中得到家人般的照顾。这个时候，民办高校辅导员扮演了这个角色。他们深入课堂，深入学生生活，与学生交谈，分享学生成功的喜悦，鼓励学生从容地面对失败，给予学生无微不至的关怀。当学生生病时，辅导员第一个冲在前面，带学生去医院，陪学生打针，给学生送饭；当学生想家的时候，辅导员总是及时地出现在学生面前，像家人一样安慰学生，陪学生谈论家乡有趣的事情等。辅导员就像家人一样，给学生带来温暖。

三、构建民办高校辅导员与学生和谐关系的路径

（一）坚持"以人为本"的工作理念

中共中央国务院出台的《关于进一步加强和改进大学生思想政治教育的意见》中指出，高校思想政治工作和工作者要"坚持以人为本，贴近实际、贴近生活、贴近学生，努力提高思想政治教育的针对性、时效性和吸引力、感染力，培养德、智、体、美、劳全面发展的社会主义合格建设者和可靠接

班人"。

可见，高校中的"以人为本"主要是指以学生为本，以学生的发展为本。民办高校辅导员要牢固树立"以人为本"的工作理念，积极探索新时代学生管理工作的新方法。不能把"以人为本"作为一句口号、一句空话，或者简单地认为"以人为本"是一朝一夕的事情，这些都是错误的观点。辅导员要将"以人为本"切实贯穿自己工作的始终，要坚定信念、勤恳工作、不懈努力。

在与学生的交往中，辅导员要始终坚持"一切为了学生""为了学生的一切""为了一切学生"的工作理念，真心实意地关心每一个学生，要关心学生的成长、关心学生的身心健康、关心学生的就业发展、关心学生良好素质的养成。辅导员要始终维护学生的主体地位，维护学生的合法权益，教会学生应该享有什么样的权利，又应该履行什么样的义务；同时，针对个别学生"以自我为中心""不适应集体生活"的情况进行积极的引导。"以学生为本"不代表娇惯、纵容学生。辅导员要始终把服务学生作为自己工作的出发点和落脚点，不断把自己从管理学生转变到服务学生上来，真诚地为学生服务。

（二）尊重学生的个体差异，加强交流

学生的个体差异是客观存在的，辅导员应该承认和尊重这种差异，不能按照统一的标准对每个学生硬性要求和评价，要因材施教、因人而异，以尊重和一视同仁的思想对待每一个学生。

关注重点生源是辅导员日常工作的重要组成部分。如前所述，民办高校的有些学生自尊心强，有攀比心理，抵抗挫折的能力不足，他们虽然有个性，但心智尚不成熟。辅导员要充分尊重学生的个体差异，与学生保持密切联系。重点学生群体是民办高校辅导员开展思想政治教育工作的主要目标。做好重点学生的工作，不仅可以有效地提高学生的整体素质和思想政治教育工作的质量，还可以帮助这些学生树立信心，走出困境，努力提高自己，形成积极健康的人格。重点生源的成功转化会给辅导员带来极大的成就感和满足感，可以帮助辅导员有效对抗职业倦怠。这对于改善辅导员与学生的关系，开展思想政治教育具有十分重要的意义。

辅导员要善于发现学生的专长和潜能，为他们提供创造发展的机会和舞台，坚持把学生的全面发展和个性发展紧密结合起来，引导学生正确处理个人、集体、社会关系，保持个性、彰显本色。让学生在成长和个人成绩喜悦中体会学校和辅导员的关爱。

辅导员在学生成长过程中的重要性是不言而喻的。辅导员与学生的良好关系给辅导员的工作带来了优势和便利。总体而言，辅导员与学生之间的关系是和谐稳定的，但个别因素和方面也不容忽视。接下来，笔者将探讨构建辅导员与学生和谐关系的途径。

一方面，在日常的学生管理工作中，辅导员不能歧视这些学生，不能戴有色眼镜去看待他们，要主动接近他们，与这些学生交流，倾听他们的声音，了解他们的真实想法，成为他们的亲密朋友，并帮助他们解决生活中的困难。

另一方面，辅导员必须平等对待这些重点学生，与他们进行真诚沟通，帮他们树立自信心，让他们尽快融入集体生活，让他们觉得自己和其他同学一样，逐渐消除自卑心理。辅导员要鼓励这些学生正确、勇敢地面对自己的问题，以积极乐观的态度投身到大学的学习和生活中。辅导员应重点引导这些学生积极参加班级和学校的各种课外活动，充分发挥自身优势，在活动中展示自我、体验自我、超越自我。辅导员要引导学生克服自身的心理障碍，与其他学生建立良好、平等、和谐的人际关系。辅导员要根据学生的实际需要，建议学生在适当的时候去心理咨询室，由专业的心理咨询师帮助他们厘清思路。

（三）关心爱护，解决实际问题

如上所述，民办高校学生的经济状况呈现出两极分化的趋势。部分学生的家庭经济条件较好，在校消费水平较高；另一部分学生的家庭困难，他们主要依靠勤工俭学、申请困难补助和助学贷款完成学业。这给辅导员在解决家庭经济困难学生的实际问题时带来了很多困难。

除了国家和学校给予的财政补贴外，贫困学生更渴望在精神上得到辅导员的慰藉和照顾。

辅导员应经常深入学生的课堂和生活，主动关心学生，准确把握学生动态，拉近自己与学生之间的距离。在和学生交往时，辅导员要特别关注那些家庭困难的学生，要定期同他们谈心，要真心实意地关心这些学生，了解他们的在校生活情况，如生活费够不够用、家人的身体怎么样、生活中是否有困难，还要经常开导这些学生，让他们不要自卑，要对生活充满希望，不要盲目和其他同学攀比，不过度消费，鼓励他们勤工俭学，用自己的双手养活自己，同时使自己在实践中得到锻炼。辅导员要引导家庭困难的学生，不因为家庭的贫困，而主动疏远其他同学，要尽早地融入集体生活，不能"一心只读圣贤书"，要培养自身的交往能力，锻炼自身的协调能力。辅导员要让学生知道被动的人际交往对学生自身的性格发展、就业发展没有益处，对现实的被动接受就是对自己的不负责任，要化贫困为上进的动力，不断加强对专业的学习，增强专业技能，争取早日找到合适的工作，缓解家里的经济困难。

在高年级学生的就业工作中，家庭困难的学生往往面临更大的就业困难。

这个时候，辅导员应该密切关注这些学生的思想动向，鼓励他们以积极的心态面对就业，建议他们先找工作，然后根据自己的实际情况择业。但是，一定要从自己的专业发展前景来权衡就业方向，千万不要盲目从众。与此同时，辅导员应投身毕业生就业工作的第一线，最先了解当年的就业情况。以此为契机，辅导员应该在就业推荐中优先考虑家庭困难的优秀学生，帮助他们尽快、更好地找到工作。

（四）促进民主、平等、正义

要想构建平等、和谐的师生关系，辅导员在其中发挥着至关重要的作用。

第一，辅导员必须严格要求自己，始终保持清正廉洁的工作作风。在处理学生的问题时，辅导员不应接受学生的礼物，应主动拒绝学生及其家长提出的请客等答谢方式。

第二，辅导员必须平等、公正地对待每一个学生员，必须尊重学生。尊重是辅导员与学生沟通的前提，是建立和谐师生关系的基础，是维系任何一种和谐人际关系的最基本准则。辅导员作为学生健康成长的引导者和引导者，必须解放自己，打破传统的思想桎梏，放下架子，平等对待学生，充分尊重学生。这是辅导员获得学生信任的前提。尤其是民办高校的大学生，他们更独立，更渴望得到认可，更渴望得到教师的尊重。在对待民办高校学生时，辅导员应充分尊重学生，为建立良好和谐的师生关系打下坚实的基础。

第三，辅导员必须充分信任和鼓励学生。虽然民办高校学生的专业课成绩可能不如公立高校的学生，但是他们可以通过后天的努力来弥补自己的不足，还可以丰富自己的其他技能，从而在竞争中脱颖而出。辅导员要善于发现学生的闪光点，充分肯定学生在学校活动和社会实践活动中的成绩。尤其对于性格内向的重点学生，辅导员要给予充分的鼓励，动员他们表达自己、锻炼自己，鼓励他们只要坚持不懈地努力，就一定能成功。辅导员的信任是这些学生的最大动力。

第四，辅导员应该平等地对待每个学生。同公办学校的大学生一样，民办高校的大学生也渴望思想上的积极进步，渴望加入中国共产党的党组织。近年来，民办高校的党组织建设得到了不断加强，为学校教育教学改革发展和大学生思想政治工作的开展提供了有力保障。大学每学期发展的共产党党员数量在增加，这为更多渴望进步的学生提供了机会。在优先入党问题上，辅导员应坚持原则，明确立场，公平、平等地对待每个学生。

（五）与时俱进，创新工作方法

辅导员要不断学习，适应新时代、新任务的需要，要与时俱进，不断改进工作方法。辅导员必须加强自身的理论学习，提高政治理论素养，在工作中不断总结经验，并善于从中把握思想政治工作的规律性和特点，从而更好地指导今后的实践工作。

　　随着网络的普及，民办高校学生的社交圈也在不断丰富、充实。从校内到校外，从真实的生活到虚拟的网络，一旦学生深陷其中不能自拔，就会对自身的发展产生非常不利的影响。时代的发展、学生的转变对辅导员提出了新的要求。针对民办高校大学生自我约束力不强的问题，辅导员需要更为严格地管理学生，"知道学生在哪"是对辅导员最基本的要求。另外，辅导员还要清楚学生"在干什么"。这时候思想政治教育工作的开展不限于园内，还发生在网络这个虚拟的世界里。辅导员要善于利用微信、QQ、微博等 App 及时掌握学生动态，知道学生在哪里，知道学生在干什么，知道学生对什么感兴趣，并善于利于网络对学生进行疏导教育。辅导员还应教育学生善于甄别网络中多元而复杂的信息，保护自己的合法权益不受侵害，在利用网络进行交往的过程中占据主动地位，能够把握自己，不沉迷其中。

第二章　民办高校辅导员职业生涯与规划

第一节　民办高校辅导员职业生涯分析

进入 21 世纪以来，党和国家越来越重视思想政治教育工作，分别在 2000 年和 2004 年出台了相关文件，以促进大学生思想政治教育工作。尤其是 2004 年颁布的《关于进一步加强和改进大学生思想政治教育的意见》拓展了民办高校辅导员职能，明确地提出将"帮助学生解决实际困难"（包括帮困、心理、就业、生涯规划、人际关系等）作为一项职能写进了文件中。同时该文件对高校辅导员进行了明确的定位。"辅导员、班主任是大学生思想政治教育的骨干力量，辅导员应按照党委的部署有针对性地开展思想政治教育活动。"

一、民办高校辅导员职业发展的概念解析

马克思主义哲学认为，"概念"亦称"范畴"。列宁说："自然界在人的认识中的反映形式，这种形式就是概念、规律、范畴等。"[①]

可见对任何事物进行研究之前，我们必须厘清其基本概念，这是一切学术研究的起点。

（一）民办高校辅导员职业发展的概念界定

目前，学界对民办高校辅导员职业发展的界定是基于与民办高校辅导员专业化的比较。职业发展的目标是让从业者在力所能及的范围内，在组织的帮助下，成为该行业的专家。职业发展是一个自我完善和演进的过程，是一个主客观、内外因素相互促进、不断发展的过程。专业发展体现在培训的专业性、优秀的员工素质、完善的制度、员工的职业晋升等方面。它是实现职业化的一种方法，也是一种目标导向。专业化是指从业人员的全职、稳定、终身就业，在此基础上，从业人员的专业素质达到较高的成熟度，包括较高水平的专业知识

---

① 朱正昌.高校辅导员队伍建设研究 [M].北京：人民出版社，2010：20.

和技能。职业化有三个含义:一是员工必须具备基本的职业道德,这是职业化的基本特征,它包含员工应该具备的职业精神,而不是根据自己的兴趣爱好自己做事情;二是员工必须掌握所从事领域的基本专业技能,这是职业化的基本要求;三是专业化必须有属于专业化发展的具体行为标准,专业的员工可以按照这个标准进行行动,从而保证工作结果,提高工作效率。

对于民办高校辅导员职业发展与职业化的关系,笔者认为,民办高校辅导员职业化建设是民办高校辅导员职业发展得以实现的重要条件,没有全面的、彻底的、可持续的职业化建设工程,就无法真正实现民办高校辅导员职业发展。同时,民办高校辅导员职业发展又是民办高校辅导员职业化建设顺利进行的基本内容。没有看得见的、摸得着的、可预期的职业发展,就无法真正推进职业化建设。

从主体角度来看,民办高校辅导员职业化建设包括民办高校辅导员主体和非民办高校辅导员主体(政府、学校、社会等);民办高校辅导员职业发展只包括民办高校辅导员主体。

从客体角度来看,民办高校辅导员职业化建设包括民办高校辅导员主体建设、民办高校辅导员职业化制度建设、政策建设、环境建设等;民办高校辅导员职业发展则主要是指民办高校辅导员职业能力、职业信念、职业前景等。

综上所述,笔者认为,民办高校辅导员的职业发展应该包括以下几个标准:共同的服务理念和职业道德,专业知识体系和素质要求,具体的分工和工作职责,专门的工作队伍和团队制度,稳定的专业团队和成长平台。也就是说,民办高校辅导员职业发展是指民办高校辅导员通过制度建设、政策建设、环境建设及民办高校辅导员自身建设,获得职业技能、职业信念、职业前景和职业期望,帮助其提高实际工作所需的技能和知识,使其成为本领域最好的专家。

(二)民办高校辅导员职业发展的概念解读

1.民办高校辅导员职业发展的概念综述

当前,学界已经开始对民办高校辅导员职业发展展开相关研究,虽然没有形成共识性、系统性的认识,但在民办高校辅导员队伍建设、民办高校辅导员职业化、民办高校辅导员专业化方面已有相关研究。例如,有的学者认为,"民办高校辅导员职业化是指民办高校辅导员把所从事的工作作为个人谋生的手段和终身从事的职业。职业认同是民办高校辅导员职业发展的心理基础,是实现职业化发展的前提和关键。它对民办高校辅导员职业发展的影响是多方面的。"①

又如，有的学者认为，"民办高校辅导员职业生涯规划包括各级组织对于民办高校辅导员发展的规划和民办高校辅导员个人对于自身职业发展的设计和筹划。民办高校辅导员职业生涯规划符合一般职业生涯规划的普遍规律，同时又有自身独有的一些规律和要求。"②

再如，有的学者认为，"民办高校辅导员职业发展能力是指民办高校辅导员建立在职业素质基础上，能够完成工作任务且适应经济社会和职业发展要求，促使其思想、业务及人格不断趋于完善、不断有所发展的能力。这是充分发挥民办高校辅导员潜能、充分展示民办高校辅导员才华和充分实现民办高校辅导员价值的能力。它主要包括组织管理能力、人际交往能力、学习能力、科研能力、创新能力等。"③

从现有的研究成果来看，虽然学术界已经对民办高校辅导员职业发展的基本问题进行了一系列的基础研究，但仍有一些问题。一是民办高校辅导员职业发展的理论研究还比较薄弱。由于相关著作中几乎没有对民办高校辅导员职业发展的论述，学术界在研究民办高校辅导员职业发展问题时缺乏相对统一的基础和标准，众说纷纭。因此，不难理解为何关于什么是民办高校辅导员的职业发展，如何促进民办高校辅导员的职业发展的研究成果一直是数量少、创意少、研究质量差的情况了。二是缺乏从价值角度的关注。现有的关于民办高校辅导员职业发展的研究成果大多是从政策、问题和实践的角度出发，缺乏对民办高校辅导员自身发展的价值视角的研究。民办高校辅导员的自我发展是其职业发展价值追求的直接体现。因此，在探讨民办高校辅导员的职业发展时，容易过分关注教育的工具价值，使得目标的社会标准和个体标准无法统一，形成一种秩序，倾向于威权主义。三是民办高校辅导员对现实生活的关注不足。目前，无论是关于民办大学辅导员的职业发展目标的国家政策文件，还是学术界的相关理论成果，其中大部分研究是从思想政治方面进行的，如政治、意识形态、道德。

但总体而言，这个职业发展体系的构成是正确的。它能直接反映国家的要

---

① 张炳武. 高校辅导员职业认同分析 [J]. 合肥工业大学学报（社会科学版），2008，22（6）：12.

② 高国希，刘承功，陈郭华. 如何认识高校辅导员职业发展与职业生涯规划 [J]. 思想理论教育导刊，2009（6）：10.

③ 张杰，王庚. 论高校辅导员职业发展能力的培养 [J]. 思想理论教育导刊，2009（8）：23.

求和社会取向，并能提炼人的思想政治素质，在一定程度上有利于民办高校辅导员职业发展。

学术界对民办高校辅导员职业化建设的必要性、内涵、规范、路径等方面的研究较为关注，但在民办高校辅导员职业特点的研究方面却没有应有的重视。因此，开展民办高校辅导员职业特点的研究，对于提高民办高校辅导员的职业化、专业化建设和发展水平具有重要意义。

2. 职业发展的概念及条件

笔者认为，从职业发展的内涵来理解职业发展，可以有两层含义：第一层含义是指由于社会的进步和社会分工细化，一个行业或者一类人从事的职业得到了发展。例如，某个职业由一般性职业发展为专门性职业，职业的社会认可度得到了提高；第二层含义是从个人方面的角度来看的，是指个人通过"组织"来帮助自身获取目前及将来工作所需的技能、知识的一种方法。实际上，职业发展是"组织"对企业人力资源进行的知识、能力和技术的发展性培训、教育等活动。职业发展是从业者在自身选定的领域里，在自己能力所及的范围内，成为其所在职业的专门性人才。

职业发展的条件主要有以下四条：一是从业者要对自我进行评价。从业者的自我评估是指从业者个人对自己的能力、气质、兴趣、性格以及自己职业发展的要求等进行分析和评价，以找到适合自己的职业发展目标和职业发展路线。二是"组织"评价，组织评价主要是要利用相应的信息对从业者的能力和潜力做出客观公正的评价。这些信息主要来自对员工的绩效评价，也包括反映该从业者的受教育状况和以前工作经历等信息的人员记录。"组织"从业者个人的评价通常应由人力资源部门和从业者的直接管理者共同进行。三是职业发展信息的传递。从业者要想确立现实的职业发展目标，就必须知道可以获得的职业选择和职业发展机会，并获得"组织"内有关职业选择、职业变动和空缺的工作岗位等方面的信息。"组织"要及时为从业者提供有关组织发展和员工个人的信息，增进员工对"组织"的了解，包括职位升迁机会与条件限制、工作绩效评价结果、训练机会等信息，帮助从业者了解熟悉自己的职业发展的路径。四是职业咨询及技能培训。[①]"组织"要定期地对从业者进行行业内部的理论知识的学习和技能的培训，同时"组织"应该做好从业者的职业咨询工作，在从业者的职业发展过程中，有可能出现许多从业者无法预测或必须面对的难题，如职位升迁、跳槽、职能转换、人际关系。职业咨询可以为从业者解

---

① 吕叔湘，丁声树. 现代汉语词典 [M]. 上海：商务印书馆，1998：566.

决职业发展中的困惑，为从业者做出明智选择提供参考意见和决策支持。

二、民办高校辅导员职业特性的界说及其研究意义

（一）民办高校辅导员的职业特性

《高等学校辅导员职业能力标准（暂行）》（以下简称《能力标准》）中指出：
"辅导员要政治强、业务精、纪律严、作风正，具备思想政治教育工作相关学
科的宽口径知识储备，具备较强的组织管理能力和语言、文字表达能力，以
及教育引导能力、调查研究能力等。"推进职业化、专业化和专家化的建设和
发展是新时代民办高校辅导员队伍建设的基本方向，关注民办高校辅导员专业
化、职业化问题是近年来高校思想政治教育研究的热点之一。

"组织"应该为从业者提供一系列的包括正式与非正式教育、培训及工作
体验的开发活动。这些开发活动有助于从业者胜任更高一级的职位。职业道路
引导指明了"组织"内从业者可能的发展方向及发展机会，"组织"内每一个
从业者可能沿着本"组织"的职业道路变换工作岗位。只有满足以上几条，从
业者的职业生涯才能顺利发展。

"职业特性是一门职业及其主体在产生发展过程中形成的区别于其他职业
的特有性质。"[①]

就其内在构成而言，它具有两个统一性特征，即静态上的主导性和多样性的
统一，动态上的既定性和生成性的统一。从静态角度看，职业特性在特定时空条
件下呈现出主导性和多样性特征。主导性是指在职业特性结构内部，处于核心地
位的某些职业特性是职业得以确立的根本依据，规定和指引着职业发展的方向。
多样性是指因多样的职业功能和社会预期所产生的职业属性，制约和影响着职业
发展的实效。从动态角度看，职业特性在职业发展的不同历史阶段呈现出既定性
和生成性特点。既定性是指某些职业特性在该职业萌芽或产生时期就已具备，
是职业之所以为职业的本质。这些特性随着职业的产生而产生，随着职业的消
亡而消亡，在不同历史阶段具有不同的内涵和现实表现，对其他特性的产生、发
展起决定性作用。生成性是指职业在一定职业历史阶段所产生的特有属性，是
职业发展程度的具体表现，随着职业的发展和变化而产生、消亡。

民办高校辅导员职业特征是民办高校辅导员的独特属性，在目标、活动、
身份、职责、对象、实践方法等方面都与其他职业有本质的区别。民办高校辅

---

① 杨中刚.论加强对大学生核心价值观的引导和培育[J].学校党建与思想教育.2005（12）：
47-48.

导员职业特征的内在构成也呈现出静态统一的支配性与多样性和动态统一的建立性与生成性特征。

深入研究民办高校辅导员的职业特征，有助于我们准确把握民办高校辅导员职业特征的内部结构，分析这些特征之间的关系。为民办高校辅导员的专业化和专业化发展提供必要的理论依据。在这种理论的支持下，我们可以做一个全面的民办大学辅导员的职业特点的分析，以便更深入地揭示民办高校辅导员的职业化发展机制，为民办高校辅导员的专业化发展提供科学合理的实践依据。在民办高校辅导员的职业特征中，一些特征起主导作用，占据核心地位，另一些特征则受到这些特征的影响，呈现出多样化的特征；有些特征是天生的，在职业发展中一直存在，有些特征是随着职业的发展而不断出现和变化的。从静态和动态的角度来看，一些特征不仅具有既定特征，还在民办高校辅导员职业特征结构中占据主导地位。民办高校辅导员职业发展必须坚持这些特点；特征不仅具有生成特征，还具有多样性特征。这些特征是民办高校辅导员职业发展的阶段性产物。一些特点的表现阻碍了该行业的进一步专业化发展，必须不断加以完善。

（二）民办高校辅导员职业特性的表现

职业目标的政治性是民办高校辅导员职业确立的根本基础，是民办高校辅导员职业特征的核心所在；职业活动的草根性、职业认同的二重性、职业责任的全面性、职业内容的无界性、性别与职业对象成长的互动关系是现阶段民办高校辅导员的职业特征。从动态的角度来看，这些职业特征会随着民办高校辅导员职业生涯的发展不断地得以丰富；民办高校辅导员职业活动的全面性和实践形式的无限性是随着经济社会的发展而逐渐产生的生成性特征。应该指出，尽管职业建立特征表明，一些职业特征是天生的，职业总是存在的，但这并不意味着这些特征将体现或表现明显。高等学校辅导员具有教师和干部的双重身份，但在职业的早期，相当数量的大四学生也在民办高校担任辅导员，使得他们的双重身份不那么明显。

马克思说："价值这个普遍的概念是从人们对待满足他们需要的外界物的关系中产生的。"亦即价值是客体满足主体的需要时表现出来的意义和作用。客体要想实现自身的价值，就必须满足主体对需求的预期。民办高校辅导员职业的目标首先要符合党和国家对政治工作需求的预期，这就决定了其职业目标的政治性。

"民办高校辅导员的职业目标具有政治性，这是思想政治教育的阶级性的体现。"①

从长远来看，民办高校辅导员的职业目标是把大学生培养为社会主义事业的合格建设者和可靠接班人；从近期来看，其职业目标是促进大学生的健康成长。无论从哪个角度看，民办高校辅导员的职业目标都是国家人才强国战略和科教兴国战略在该职业具体要求的体现，是国家意志对民办高校辅导员的职业目标作用的结果。有的人认为，在以经济建设为中心的政策指导下，在社会主义市场经济深入发展的今天，民办高校辅导员的职业目标和工作没有必要坚持其政治性。这种观点显然是错误的，因为这与民办高校辅导员职业产生的功能源起不符，与我国大学的社会主义办学方向不一致。民办高校辅导员的职业目标的政治性是一贯的，必须一直坚持。

在组织管理视野下，民办高校辅导员的职业活动具有基层性。一般而言，组织管理可被划分为三个垂直层次：决策层、管理层、执行层。决策层负责目标、纲领的构建和提出；管理层负责目标、纲领的细化和组织协调工作；执行层负责纲领、目标的具体操作实施。民办高校辅导员处在学校组织管理的执行层，其职业活动具有基层性。民办高校辅导员不仅要对学校的学生工作部门、教务部门和财务部门等职能部门负责，还要对学院相关领导、教务等部门负责。有人用"千根线一针穿"来形容民办高校辅导员工作的千头万绪，实不为过。民办高校辅导员活动的基层性具体体现为其在组织结构中处于与学生联系最紧密的层级，他们要想将学校各职能部门和学院的各项工作落到实处，及时把学生在学习、生活等方面的诉求反映给相关部门并落实解决，就必须准确充分地把握学生的思想动态、思维方式和行为习惯。这就要求民办高校辅导员须经常深入学生的生活和学习中了解他们。

笔者认为，"职业"一词在不同时期具有不同的概念和指代，其在当今主要指个人服务社会并作为主要生活来源的工作。从职业社会学的视角来看，职业是社会分工的结果，分工是社会进步的结果，职业大致可分为一般性职业和专门性职业。而专门性职业可以划分为两类，即半（准）专门性职业和专门性职业。一般性的职业不要求从业人员经过专门的培训和教育，而专门性职业则要求从业者必须经过专门的技能训练并接受相关的知识教育。21世纪社会进步的一个显著特征就是某些一般性职业经过一定的职业发展为专门性职业，如教师、医生、律师。其从业人员的培养模式已经形成，从业人员职责规范比较明确，其工作技能专业性强，职业发展相对较快且稳定，其工作岗位一般具有

---

① 司马云杰. 文化价值论[M].西安：陕西人民出版社，2004：35.

相对不可替代性。

在时空视野下，民办高校辅导员的职业内容具有无边界性。职业主体在实际工作过程中，一般都有特定的工作内容和固定的工作时间，然而辅导员这一职业因其活动的基层性、职责的综合性、身份的双重性，在工作时间和内容方面却表现出鲜明的无边界性特征。大量跟学生相关的工作都需要辅导员组织或参与，辅导员需要将很多时间投入到与学生相关的工作中去。辅导员的工作过程常常是面向学生开展教育、管理和服务工作的过程。由于工作对象是具有独立思考能力的大学生，辅导员不仅不能准确预测学生是在人际交往、心理健康、就业择业等领域的哪个方面出了问题，还不能准确预测学生会在什么时间出现问题，也不能准确预测在多个部门的领导下各项工作的时间和内容安排。这些具体的工作内容直接导致了辅导员职业的无边界性。

在对象视野下，民办高校辅导员与学生之间具有成长互动性。教师的工作是生命与生命的互动，"在教育中一切都应以教育者的人格为基础，因为只有人格才能影响人格，只有人格才能形成性格。"[①]

辅导员作为特殊的教师，在大学生中开展思想政治教育工作时，对学生的健康成长起着重要作用。这也是生命与生命互动、人格与人格相互影响的过程，是辅导员和学生在教育实践中共生的过程，具有成长互动的特点。大学生群体历来是社会思想道德的风向标，社会上的新观点、新事物一般在大学生中最先流行。与此同时，随着经济全球化、信息网络化的加速发展，大学生思维特点的独立性、选择性、多变性、差异性越来越强，辅导员信息的权威性受到了挑战，传统的决策方式受到了质疑。这就要求辅导员在教育、管理、服务的工作中，要以更加平等的姿态，以互相尊重的方式和学生对话。辅导员职业的成长性和互动性紧密相关，更好地服务学生成长是辅导员职业互动的目的，良好互动是实现学生健康成长的条件。

总之，在民办高校辅导员专业化、职业化发展过程中，辅导员要坚持职业目标政治性，不能偏离社会主义办学方向的要求；尊重职业身份双重性，贯彻落实教育部"双线晋升"政策；通过细化分工等方式，不断改善职业内容的无边界性、职责的综合性特点。民办高校辅导员要认识到职业活动的基层性，不能脱离学生空谈思想政治教育；要扮演好教师和干部的双重角色，把握角色的权利、职责和义务；要不断掌握新思路、新方法，不断增强与职业对象间成长互动的时效性和针对性。

---

① 王少安，周玉清. 大爱精神与大学文化建设 [M]. 北京：人民出版社，2008：65.

三、民办高校辅导员职业发展的现实价值

民办高校辅导员职业发展的意义是思想政治教育价值在高校人才培养任务中的体现。所谓思想政治教育的价值，是人在思想政治教育的实践认识活动中建立起来的，以主体的思想政治品德形成和发展规律为尺度的一种主客体关系，是思想政治教育存在及其性质是否与人的本性、目的和发展需要等相一致、相适合、相接近的关系。"这种关系是思想政治教育在其教育活动和社会关系中合乎主体全面发展和人类社会进步的目的而呈现出的一种肯定的意义关系。"①

民办高校辅导员工作是一份与人沟通、解决问题的思想教育工作，只有对学生的性格、气质、能力等人格特质产生特定的持续的影响，才能发挥其预期功能。而民办高校辅导员面临着数量较大、性格各异的学生，只有深入了解不同学生的思想政治道德特点，才能切实做好思想教育工作。随着民办高校辅导员职业化、专业化发展，虽然辅导员的职业分工会被进一步细化，辅导员在职业活动中运用的理论和技能会更加职业化和专业化，但其处于学校组织管理的执行层的性质不会变，与学生联系最紧密的特点也不会变。

在角色视野下，民办高校辅导员的职业身份具有双重性。角色是个体的社会身份和地位，是社会对个体的行为规范和期望。一般来讲，个体在社会职业结构中扮演着固定的角色，在特定社会生活环境下，具有特定的身份和地位。但是民办高校辅导员在学校教育管理过程中具有教师和干部的双重身份。2006年，教育部颁布的《普通高等学校辅导员队伍建设规定》（以下简称《规定》）中提出："辅导员是高等学校教师和管理队伍的重要组成部分，具有教师和干部的双重身份。"②

一是体现为民办高校辅导员在职业活动中，利用教师、干部的角色能力，对教师、干部的角色权利负责，履行教师、干部的角色职责。民办高校辅导员作为教师，以思想政治教育基本原理和方法及相关学科理论和技能为基础，对学生开展爱国主义教育、公民道德教育、行为规范教育和素质教育等活动。民办高校辅导员作为干部，利用管理学、党团群组织管理和方法等，承担年级、班级、社团的领导、管理、指导工作，以及学校相关职能部门的具体工作。二是体现在民办高校辅导员职业发展上，民办高校辅导员在职称的评聘和行政职

①　张耀灿，郑永廷，吴潜涛，等．现代思想政治教育学[M]．北京：人民出版社，2006：162．

②　孙振民．和谐文化视域的大学文化建设路径选择[J]．中共青岛市委党校青岛行政学院学报，2008(8)：37-40．

务晋升上享受"双线晋升"的政策。民办高校辅导员既能够按助教、教师、副教授、教授评聘程序晋升思想政治教育学科或其他相关学科的专业职务，也可根据实践工作年限和实际表现，选聘相应的行政职务。

在功能视野下，民办高校辅导员职责具有综合性。功能是事物或方法所发挥的有利作用和产生的积极意义。一定的社会功能需求是职业产生的基础，而相应的职业责任是实现社会功能需求满足的必要条件。随着经济全球化、信息网络化的发展，社会对民办高校辅导员职业功能的预期正日趋由单一走向综合，这使得民办高校辅导员职责呈现出鲜明的综合性特征。对民办高校辅导员职业形象的描述，从侧面反映了其职责的综合性。《规定》指出："辅导员是高校学生日常思想政治教育和管理的组织者、实施者、指导者。辅导员应努力成为学生的人生导师和健康成长的知心朋友。"[①]

民办高校辅导员职责的综合性一方面体现在工作职责多，民办高校辅导员要承担学生的思想教育工作，即根据学校的相关规章制度、办法对学生进行管理，满足和服务学生的个性化成长的需求，在学习能力辅导、心理健康教育、就业择业指导、恋爱交往指导、学生事务管理等方面发挥着重要作用；另一方面体现在各部分工作之间具有相互关联性。民办高校辅导员职业的教育、管理、服务功能的实现不是互相独立的，是相互影响和相互依存的综合过程。例如，对学生作弊行为进行惩处，既是学校的管理行为，又是对学生的教育行为，对学生的惩处是教育方式的一种，在惩处中对学生进行教育则是管理的进一步提升。民办高校辅导员职责的综合性要求民办高校辅导员必须始终掌握思想政治教育的主动权，扎实推动教育、管理、服务工作的协调发展。

（一）民办高校辅导员职业发展是对高校办学目标的重要反映

任何社会教育都是为其统治阶级服务的，教育的最高意志一定是国家意志，我国是社会主义国家，坚持以马克思主义为指导思想不动摇。高校作为汇聚人才和培养人才的基地，承担着人才培养、知识贡献和社会服务的重要任务。

社会主义高等教育的办学要求是"全面贯彻党的教育方针，坚持教育为社会主义现代化建设服务，为人民服务，与生产劳动和社会实践相结合，培养德、智、体、美、劳全面发展的社会主义建设者和接班人"。

实现这一目标的前提有以下几方面要求：一是要求我国高校必须坚持社会

---

① 孙振民. 和谐文化视域的大学文化建设路径选择 [J]. 中共青岛市委党校青岛行政学院学报，2008(8)：37-40.

主义高校办学方向，坚持马克思主义的指导地位。二是要解决好我们培养的人究竟走何种道路、跟谁走的问题。这个问题在经济全球化的今天显得越来越重要。当代大学生是未来建设中国特色社会主义的中坚力量，他们要走一条道路——中国特色社会主义道路，举一面旗帜——中国特色社会主义伟大旗帜，坚持一个理论体系——中国特色社会主义理论体系。如何达到这一目标，培养出合格的社会主义接班人呢？那就要不断地加强和改进当代大学生的思想政治教育工作。

一是民办高校辅导员要具有帮助学生树立科学的世界观、人生观和价值观的职责。帮助大学生形成社会需要的思想道德和行为规范是高校思想政治教育的重要职责。因此，民办高校辅导员要通过知识传授、实践活动、思想引导等实践活动，将理论从知识形态转化为价值形态，引导学生将知识内化为正确的思想意识，并外化为实践行为的指导思想，从而达到价值性认识与真理性认识的统一，并在社会实践活动中树立正确的世界观、人生观和价值观，从而实现自我价值。二是民办高校辅导员要具有引导学生自我教育的职责。高校培养的人才不仅要能够具备吸收知识的能力，还要会学习，在社会主义建设中能够发挥积极性和主动性。

民办高校辅导员队伍转作为高校其他队伍的后备力量，在从事民办高校辅导员工作一定时间之后，可转到高校各个部门的岗位工作。民办高校辅导员在思想政治教育领域科研能力的提升从一定意义上讲是做好各项工作的基本功。民办高校辅导员科研能力的提升会使其在自身管理和教学工作中得到长足的进步，同时，长期工作在学生工作岗位的民办高校辅导员可以通过科研能力的提升向专家型民办高校辅导员转变或胜任更多岗位。

为适应新时代新任务的要求，中共中央、国务院发布的《关于进一步加强人才工作的决定》对"人才"的定义做了新的阐释："只要具有一定的知识或技能，能够进行创造性劳动，为推进社会主义物质文明、政治文明、精神文明建设，在建设中国特色社会主义伟大事业中做出积极贡献，都是党和国家需要的人才。"[①]

当前大学生的学习、生活和发展环境与改革开放之前和改革开放初期相比都发生了重大的变化。随着市场经济的不断深入发展，我国社会经济成分、就业方式日益多元化，信息传播速度和生活节奏加快时刻激荡着大学生的思想

---

① 人民出版社.国家中长期人才发展规划纲要（2010—2020年）[M].北京：人民出版社，2010：1013.

层面。大学生思想的独立性、多变性、差异性明显增强。同时，网络上充斥着大量良莠不齐的西方社会思潮和价值观念，有些学生会产生思想障碍和认识偏差。这时候，民办高校辅导员应站出来帮助他们答疑解惑。首先，要求民办高校辅导员必须具有较高的政治素质，其次，要具有较好的思想政治工作方面的业务能力。那么民办高校辅导员如何提高自身在思想政治教育工作方面的业务能力呢？这就需要民办高校辅导员不断地学习思想政治教育方面的知识，即"教育者必须先接受教育，因为他们是教育者，是当先生的，他们就有一个先受教育的任务"。①

随着我国高等教育事业的不断发展，在多元文化环境下，民办大学生发展的多样化需求势必要求民办高校辅导员为学生提供更加全面的指导和服务，如学生的心理健康教育指导、就业与创业指导、职业生涯规划指导、学业指导等多方面、全方位、立体化的服务。

这就要求民办高校辅导员必须通过职业的发展和专业的学习来武装自己，以便更好地为学生服务。

所以民办高校辅导员职业发展是满足民办大学生成长、成才的必然要求，也是民办大学生成长、成才的重要保障。

（二）民办高校辅导员职业发展是对人才强国战略的现实回应

国家兴盛要以人才为本，科教兴国和人才强国战略是确保中国特色社会主义事业兴旺发达、后继有人的重大战略。"我国现代化建设的进程在很大程度上取决于国民素质的提高和人才资源的开发。"②

所谓人才强国，就是将人才的开发和培养作为国家进步发展的重要途径，即通过合理开发人才资源，提升人才素质，挖掘人才潜力，优化人才结构，从而为我国经济社会发展源源不断地提供人才支撑，进而实现国家的强盛。人才强国战略的实现过程深刻地说明了培养高素质人才、进行人才资源开发的重要价值。民办高校辅导员正是将思想政治教育活动和日常管理工作融入人才资源开发的价值实现过程，通过培养社会主义建设事业的合格建设者和可靠接班人，满足改革开放和社会主义现代化建设的现实诉求。民办高校辅导员职业发展的过程是落实人才强国战略的过程。一方面，民办高校辅导员着眼于学生的全面发展，着力于培养和提高学生的思想政治道德素质。培育和提高学生的思想政治道德素质，就是要按照社会正确的价值导向，开发学生的自主性、能动

---

① 中共中央文献研究室.建国以来重要文献选编（第十册）[M].北京：中央文献出版社，1994：114.

② 罗素.自由之路[M].李国山，译.北京：西苑出版社，2009：154.

性和创造性，促进其自由而全面地发展。从这个意义上说，民办高校辅导员必须把培育和提高大学生的思想政治道德素质与促进大学生的全面发展相结合。另一方面，民办高校辅导员通过培育和提高学生的思想道德素质，贯彻推动社会发展进步的共同理想信念，促进学生形成统一的意志和行动，按照正确的价值取向，协调相互间的利益矛盾，帮助学生正确地处理人际关系。

（三）民办高校辅导员职业发展是满足学生成长成才需要的重要保障

"大学生是国家宝贵的人才资源，是民族的希望、祖国的未来。"高校作为培养社会主义事业的合格建设者和可靠接班人的重要场所，其主旋律是"育人"。在大学阶段，民办高校辅导员所有的日常思想政治教育和管理工作都是围绕着大学生的成长成才展开的，这直接决定了民办高校辅导员要在大学生成长成才过程中充分发挥主动性和创造性。

在实现社会价值的过程中彰显自我价值，达到社会价值与自我价值的统一。"从事教育工作的人只应当有一个责任，就是在青年自求的过程中加以辅助，使自求于前，而自得于后。"不断补充思想政治教育学科所需要的教师和研究人员，提高民办高校辅导员队伍的整体教学水平和学术水平，而参加科学研究是高校达到上述目标最基本的途径之一。现代科学的发展向民办高校辅导员提出了两方面的挑战：一是知识不断老化（主要指专业知识）；二是新学科不断产生。为此，民办高校辅导员队伍要不断补充思想政治教育学科所需要的专业人才，不断提高思想政治教育研究的学术水平。实现这两个目标可以通过多种途径，而参加科学研究是最基本的途径之一。通过科学研究，民办高校辅导员能更深刻地了解社会对高校人才培养的要求，能全面把握本学科国内外发展的趋势，准确地认识到自己所参与的实际工作在整个学科中的地位及与其学科的相互联系，从而把现代科技的新成就及时、有效、生动地反映到管理中。所以，推动民办高校辅导员职业发展的过程也是提高民办高校辅导员科研水平的过程，学校应予以充分重视，在搞好教学的同时，鼓励并有计划地安排民办高校辅导员开展科学研究。

（四）民办高校辅导员职业发展是提高民办高校辅导员队伍科研水平的有效途径

高校科学研究是队伍建设与发展的途径之一。在队伍建设过程中，通过对科学研究工作成果的逐步积累和对各学科理论体系的总结，不断完善队伍建设的环境和条件，使队伍建设在不断深入的过程中得以完善、发展和壮大。由此可见，高校科学研究在队伍建设中的地位是十分重要的。高校要持续进行高水平的科学研究工作，不断向民办高校辅导员队伍输送高质量、高层次、有影响的科技人才和科技成果。参与科学研究人员的质量越高，成果的水平越高，这些人才和成果在经济和社会发展中的作用越大，高校对经济和社会发展的适应就越主动。因此，参与科学研究的人才质量是提高科学研究建设的关键，而民办高校辅导员作为学生思想政治教育的一线工作者，其职业发展必然是提高思想政治教育一线工作者——民办高校辅导员科学研究水平的有效途径。

民办高校辅导员职业发展是提高大学生科研能力的有力途径。高效科学的研究是培养学生能力和智力的有力途径，要想培养学生具有扎实的基础知识、较宽的知识面和创造的才能，民办高校辅导员就必须在传播知识技能的过程中重视对学生智能的培养。要想达到这个目的，就要将民办高校辅导员在职业发展过程中的科学研究和日常指导有机地结合起来。也就是说，要在民办高校辅导员职业发展中增加探索的因素，或者说把研究引入日常管理过程中。科学研究是一种创造性的劳动，学生在教师的指导下进行的科学研究，同样具有创造性劳动的特征。这种科学研究劳动要求学生相对独立地去完成某项任务，从而提高学生的创造能力。另外，鼓励学生参加学术报告会、科学讨论会、科技和社会咨询服务等多种多样的科技活动，对扩大学生的知识面、提高学生的素质起重要的作用。通过对大学生科研能力的培养，也可以实现民办高校辅导员与大学生更好地教学相长。

近些年来，很多高校都提出了"建设教学研究型大学"的口号。考量是否符合教学研究型大学的一个重要标准就是学校科研能力的高低。高校科研的执行者是高校的教师队伍，而在高校的教师队伍中，民办高校辅导员这支队伍占有一定的比例。

民办高校辅导员要注重培养大学生的自我教育能力，帮助他们学会对自我生存的现状、自我能力的特长、社会对人才的需求进行分析，从而懂得自我学习、自我提升，为今后的可持续发展打下基础。

第二节　民办高校辅导员职业生涯规划

一、民办高校辅导员职业生涯规划概述

民办高校辅导员队伍建设是高校思想政治教育工作实施的有力保障，民办高校辅导员职业生涯规划是提升民办高校辅导员职业能力、稳定民办高校辅导员队伍的重要手段。逐步实现建立起点高、质量好的选拔机制，加快形成标准

高、素质好的培养机制，建立起要求高、时效好的管理机制，是构建民办高校辅导员职业生涯规划的长效机制的主要内容。

（一）职业生涯

职业生涯就是一个人的职业经历，它是指一个人一生中与职业相联系的所有行为与活动，以及相关的态度、价值观、愿望等连续性经历的过程，它也是一个人一生中职业、职位的变迁及工作、理想的实现过程。"职业生涯"概念最早是由美国学者沙特列提出的。他认为，职业生涯就是指一个人在工作生活中所经历的职业或职位的总称。美国职业问题专家舒伯在 1957 年对职业生涯给出了新的定义，即"职业生涯指一个人终生经历的所有职位的整体历程"。随后他进一步指出："职业生涯是生活中各种事件的演进方向和历程，是统合人一生中的各种职业和生活角色，由此表现出个人独特的自我发展组型；它也是人自青春期到退休，一连串有酬或无酬职位的综合，甚至包括副业、家庭和公民的角色。"[①]

此外，职业生涯还表示每个个体在不同的人生阶段所发生的一切心理体验和历程，包括职业意识、职业态度等方面的养成和职业知识、职业能力的形成。

综上，"职业生涯"这一概念具有以下特点：一是个体概念，是个体的行为历程而非组织或群体；二是职业概念，是个体一生中的职业经历或历程；三是时间概念，是个体随时间发展变化的职业生涯的历程；四是发展和动态的概念，包含个体职位的发展变化。

（二）民办高校辅导员职业生涯规划

民办高校辅导员职业生涯规划是指将个人发展与组织发展相结合，对决定职业生涯的主观因素进行测定、分析和总结，确定事业发展目标，选择实现这一事业目标的职业，制订相应的工作、教育和培训的行动计划，并结合一定的时序和方向安排，采取必要的措施实施职业生涯目标的过程。

民办高校辅导员职业生涯规划是一个复合概念，是由民办高校辅导员、职业生涯、规划等几个核心概念构成的，它们之间的关系既相对独立又密不可分。

根据核心概念的内涵，我们可以得出民办高校辅导员职业生涯规划的内涵包括以下几个方面：一是民办高校辅导员职业生涯是一个动态过程，是通过各级教育主管部门、各级教育组织和民办高校辅导员依据组织发展目标，通过组

---

① 邱美华，董华欣.生涯发展与辅导[M].台北：心理出版社，1997：26.

织和个人对民办高校辅导员从事工作所必需的价值、技能、态度、努力状况及工作效果进行筹谋、构建和设定的活动及过程，具有显著的社会需求基础性。二是民办高校辅导员职业生涯规划必须在一定组织目标下进行，要有明确的组织目标内在制约性，脱离目标的引导就会使整个规划失去衡量标准。三是民办高校辅导员职业生涯规划要充分考虑个体差异，注意对民办高校辅导员个性特长的兼顾性。从本质上说，职业生涯规划本身不是千篇一律的，每个人的职业生涯几乎都不同。在职业生涯规划中，要根据每位民办高校辅导员自身情况的不同，有针对性、侧重性、个性化、科学化地规划每一位民办高校辅导员的职业生涯发展路径。

（三）民办高校辅导员职业生涯规划管理

民办高校辅导员职业生涯规划不仅要依靠民办高校辅导员个体的主观努力，还需要教育主管部门和其所在高校对民办高校辅导员的职业生涯规划进行组织管理，帮助他们提高职业生涯规划的系统性、实效性、科学性。对民办高校辅导员职业生涯规划进行科学、有效的组织管理，既是民办高校辅导员自身发展的需要，也是学校及教育事业发展的要求。

民办高校辅导员职业生涯规划从表面上看是一个新问题，但在以往的民办高校辅导员队伍建设框架中，有关辅导员的组织管理的理论已有所体现。关键在于各地各高校要更加明确地按照"科学化模式、专业化培养、多样化发展"的思路，在民办高校辅导员的角色定位、岗位职责、选聘标准、配备比例、配备模式、专业支撑、培训、管理、考核、发展等方面采取有力措施，以进一步加强民办高校辅导员队伍建设，切实做好民办高校辅导员职业生涯规划的组织管理。

1. 做好民办高校辅导员队伍建设规划

实施民办高校辅导员职业生涯规划管理，首先要从组织的角度确定好民办高校辅导员队伍建设规划。民办高校辅导员队伍建设规划的内容主要包括对建设方针和目标的明确、制定队伍建设的政策和措施、建立队伍建设的机制，以及落实相关保障。没有队伍建设规划，就没有明确的民办高校辅导员职业生涯规划的管理目标和任务，就无法为民办高校辅导员提供正确的职业生涯规划导向，也就难以保障对其职业生涯规划制定的各种组织管理措施得以顺利、有效地实施。民办高校辅导员队伍建设规划大致可分为三个层级，即中央教育主管部门的民办高校辅导员队伍建设规划、地方教育行政部门的民办高校辅导员队伍建设规划、各高校的民办高校辅导员队伍建设规划。中央教育主管部门的民办高校辅导员队伍建设规划是民办高校辅导员职业生涯规划的总的组织方案。

地方教育行政主管部门和各高校在对民办高校辅导员职业生涯规划进行组织管理时，必须在上一级民办高校辅导员队伍建设规划的框架内进行。在高校，民办高校辅导员队伍建设规划既是本校民办高校辅导员个体职业生涯规划的基础和保障，也是规划制定者的下一层级管理主体对民办高校辅导员职业生涯规划进行管理的直接依据。

2. 健全并真正落实民办高校辅导员职业生涯规划制度

民办高校辅导员职业生涯规划制度要想真正落到实处，就必须要有科学、合理、公平、切实可行的制度安排，通过严格高效地推进相关制度去实现。主要包括各级政府教育主管部门根据自身职能范围所指定的适合本行政区域内的关于民办高校辅导员职业生涯规划管理的方针政策。

（1）民办高校辅导员职业生涯规划的人事制度安排。科学的人事制度有利于吸引人才、稳定人才、激励人才，能够最大限度地激发和调动民办高校辅导员的积极性和创造性。建立以民办高校辅导员任职要求和岗位职责、行政职级晋升制度、专业技术职称评聘制度、工作激励制度为主要内容的民办高校辅导员的人事制度体系，是民办高校辅导员队伍建设的重要组成部分，是落实民办高校辅导员职业生涯规划的重要途径。通过建立科学合理的民办高校辅导员人事制度体系，最大限度地调动民办高校辅导员工作的积极性和创造性，为民办高校辅导员工作提供条件和平台，保证民办高校辅导员的职业发展有动力、有空间，促进民办高校辅导员职业生涯发展目标的充分实现。

为适应民办高校辅导员职业化、专业化建设的发展目标，民办高校辅导员人事制度方面的安排应体现以下几个方面。

第一，拓宽民办高校辅导员的选聘渠道，既为更多优秀的高校毕业生提供通过竞争从事民办高校辅导员工作的机会，又为民办高校辅导员队伍优质化奠定基础。人事制度安排的首要环节是选聘民办高校辅导员，近年来，各高校在选聘辅导员时，实行在网上公开发布招聘信息，通过笔试和面试相结合的方式进行选拔。高校人事部门为此要制定详尽的招聘录用制度，明确招聘岗位工作特征、要求和选聘标准。在招聘过程中，要严把质量关，公平、公正地进行招募、选择和录用。

第二，完善民办高校辅导员的晋升、流动制度，为民办高校辅导员提供多样化的发展路径，包括内部行政职级、专业技术职务晋升和外部流动等方面。在民办高校辅导员的行政职级晋升方面，有些高校已经开始试行初级民办高校辅导员、副科级民办高校辅导员、正科级民办高校辅导员、副处级民办高校辅导员、正处级民办高校辅导员的行政职级序列。这一制度有利于解决长期从事民办高校辅导员工作的人员行政职级晋升条件、标准不明确，晋升相对较难、较慢的问题，对于提高民办高校辅导员的工作积极性和职业认同感具有积极意义，有利于引导民办高校辅导员向专业化、职业化、专家化方面发展。民办高校辅导员的专业技术职务晋升既是民办高校辅导员职业生涯规划的实现路径，又是民办高校辅导员职业化、专业化、专家化的必然要求。由于民办高校辅导员工作的特殊性，高校应着手结合民办高校辅导员的工作实际及工作的特殊性，设立民办高校辅导员的专业职称评聘序列。民办高校辅导员的教师职称应以思想政治教育为主，设立独立标准、单独指标，参照高校思想政治教育专业教师职务的评审条件，同时考虑学生工作的特点，结合民办高校辅导员工作实际进行评聘。

（2）民办高校辅导员培养制度安排。民办高校辅导员培养是按照一定的目的，对民办高校辅导员进行有计划、有组织的教育培训。一方面要建立民办高校辅导员培训研修基地，研修基地主要以所在区域为单位开展对民办高校辅导员的培训工作。主要包括思想政治教育、教育学、心理学、社会学以及管理学等与民办高校辅导员工作相关的科学研究。另一方面要组织民办高校辅导员进行专业培训研修，组织民办高校辅导员进行系统培训。这有助于民办高校辅导员把学习的理论同解决问题、总结经验、推进工作结合起来，帮助民办高校辅导员开阔视野，更新观念，不断提高工作水平。民办高校辅导员的培养要努力做到教学、科研、咨询三位一体，要结合本校工作的实际情况，制定和完善相应的规章制度，根据不同职级的民办高校辅导员特点，分批次、有重点地组织和选派其参加各层次的培训，定期或不定期地开展民办高校辅导员业务培训。

3. 提供民办高校辅导员职业生涯规划相关保障

每一个行业、职业的发展和成熟都离不开相关学科的支撑。民办高校辅导员的职业生涯规划也必须以相关学科的发展为支撑，为其提供职业发展的专业通道。

学科支撑是民办高校辅导员专业化、职业化、专家化发展方向的必然要求。目前，我国还没有形成关于民办高校辅导员工作的专门学科。加快民办高校辅导员专业学科建设成为当务之急。基于民办高校辅导员是一个多重角色复合的职业，要想做好民办高校辅导员工作，就需要融思想政治教育、管理学、社会学、教育学、心理学、伦理学等学科知识、能力为一体的综合性专业素质，加强对民办高校辅导员工作的科学研究。从个体角度来说，综合性专业素质有利于提高民办高校辅导员的专业化水平，从组织角度说，则是对民办高校辅导员职业生涯规划实施组织管理的重要途径。

充足的经费支持是民办高校辅导员职业生涯规划顺利进行的重要前提和必

要条件。高校和各级教育主管部门要为民办高校辅导员职业生涯规划提供经费保障，包括民办高校辅导员提高自身综合素质而参加的各种培训、进修所需的费用，民办高校辅导员开展工作的费用、进行科研的费用。

民办高校辅导员职业生涯规划的保障措施还包括为民办高校辅导员职业生涯发展提供人力资源支持，主要通过多种渠道，努力拓展民办高校辅导员培训中的教师资源。民办高校辅导员工作涉及多个学科领域，且在理论和实践层面均有较高要求。因此，高校要将相关学科专家、管理专家、优秀民办高校辅导员及优秀学生工作干部等吸纳到民办高校辅导员培训的师资队伍中。

二、民办高校辅导员职业生涯规划的评估

民办高校辅导员职业生涯规划是民办高校辅导员队伍建设尚待开发的新领域，亦是新概念。民办高校辅导员职业生涯评估是按照民办高校辅导员职业生涯规划的目标要求，采用一定的方法对民办高校辅导员职业生涯规划及实施进行调查和论证、总结和评定的工作，是对规划活动及其效果做出价值判断，以促使民办高校辅导员工作做出改进和完善的方法。评估有助于对民办高校辅导员职业生涯规划方案的可操作性进行检验，通过有意识地回顾得失，检查验证方案的执行效果，调整阶段目标中出现的偏差。①

（一）民办高校辅导员职业生涯规划评估的指标体系

《中共中央国务院关于进一步加强和改进大学生思想政治教育的意见》《普通高等学校民办高校辅导员队伍建设规定》是进行民办高校辅导员职业生涯规划评估的基本依据，在贯彻落实上级文件精神的基础上，根据各高校的实际出发，制定出科学合理的民办高校辅导员职业生涯规划评估标准。可以根据主体的不同，分为以下几种。

1. 组织评估

组织评估的主体一般是高校学生工作部门或院系，由高校学生工作部门牵头，结合对民办高校辅导员职业素质的要求、民办高校辅导员工作实绩及民办高校辅导员职业发展状况设计评估指标体系，对民办高校辅导员职业生涯规划进行评估。

2. 自我评估

民办高校辅导员职业生涯规划自我评估可以从规划定位与实现程度的对比及规划措施实施情况的角度来设计指标体系，以民办高校辅导员本人为评估主

---

① 张再生．职业生涯开发与管理 [M]．天津：南开大学出版社，2003：78.

体，通过多种评估方法来实现。

3. 学生评估

大学生对民办高校辅导员职业生涯规划评估的视角、判断标准与民办高校辅导员的自我评估有所不同，他们往往根据日常生活经验去评价其民办高校辅导员。因此，建立学生评估体系可以与征询学生对民办高校辅导员具体工作的意见结合起来。

（二）民办高校辅导员职业生涯规划评估的步骤

1. 确定评估周期

根据职业生涯理论，把民办高校辅导员职业生涯规划评估活动按照正式程度和密度分为三种周期：每年一次的评估、每3～4年一次的评估、每7～10年一次的评估，即短期、中期、长期的评估周期。短期评估对民办高校辅导员职业生涯规划目标的完成情况和工作各个方面的满意度进行评估，检查存在的问题并及时进行调整。中期评估主要针对民办高校辅导员职业生涯规划的中期目标，对其自身变化和面临的机会进行分析，及时提出调整意见。长期评估针对民办高校辅导员长期目标重新进行全面认识和评价，并根据环境变化对职业机会进行再评估。民办高校辅导员职业生涯规划评估是一个持续的过程，从长远来看，短期评估活动效果可能更加持久明显。有效评估是一种对自我利益和环境中机会与约束的意识，是一种对自身和周围环境变化的敏感性，是一种认真做出决策和相应修改计划的意愿。

2. 收集分析反馈信息

应收集民办高校辅导员工作评估信息，就反馈信息的真实性和准确性进行甄别和分析，去伪存真，去粗取精，确保得出的结论客观和全面。

3. 得出结论

通过上面的评估步骤对各种信息进行综合后，最终得出评估的结论。这些结论是对一开始确定评估目的和任务的客观回答。如能获得准确的回答，说明已顺利完成评估工作。

第三节　民办高校辅导员胜任力对职业生涯与规划的影响

立德树人是中华民族的优秀文化传统。历代仁人志士传承着"为天地立心、为生民立命、为往圣继绝学，为万事开太平"的使命意识；"先天下之忧而忧，后天下之乐而乐"的忧患意识；"天下兴亡，匹夫有责"的社会责任；

"穷则独善其身，达则兼济天下"的济世情怀；"修身、齐家、治国、平天下"的人生志向和"世界大同、天人合一"的终极理想。要想实现中华民族的伟大复兴，我们理当将这些优良传统发扬光大。

一、提升民办高校辅导员胜任力的路径思考

第一，明确"四有"教师的目标。习近平总书记对人民教师提出了"有理想信念、有道德情操、有扎实学识、有仁爱之心"的明确要求。"有理想信念"是实现中国梦的思想基础，体现了思想育人的导向。思想是行动的先导，有什么样的思想就有什么样的行动，理想信念不仅是中国共产党人的精神之"钙"，还是每个教师灵魂之魂，更是每个学生急需补充的思想之魂。"有道德情操"是教书育人的前提条件，体现了道德育人的导向。"有扎实学识"是对教师的基本要求，体现了知识育人的导向。"有仁爱之心"是教师的职业需要，体现了和谐育人的导向。学高为师，德高为范。民办高校辅导员要争做新型的"四有"教师。

第二，民办高校辅导员要成为"大先生"。教师做的是传播知识、传播思想、传播真理的工作，是塑造灵魂、塑造生命、塑造人的工作。教师不能只做传授知识的教书匠，而要成为塑造学生品格、品行、品位的"大先生"。教师所教的知识在多年以后可能会被学生遗忘，但他们教给学生的为人处事的道理是学生一生的财富，会让他们终生难忘。教师要以身作则，率先垂范，以高尚的人格魅力赢得学生的敬仰，以规范的言行举止为学生树立榜样，把真、善、美的种子不断播撒到学生心中。

第三，民办高校辅导员是学校履行教书育人、立德树人神圣职责的承担者。习近平总书记称赞教师是人类历史上最古老、最伟大、最神圣的职业之一，称"国将兴，必贵师而重傅"。民办高校辅导员不仅是学生的思想导师，还是生活中的好朋友、心理上的咨询师，使命光荣，责任重大。以改革的方式强化民办高校辅导员的综合素养，提高人才培养质量是现代教育的核心。若想提高人才培养质量，必须深化教育改革，推进素质教育，创新教育方法。

二、提升民办高校辅导员的胜任力

科教兴国是国家发展战略。加强民办高校辅导员队伍建设是实施科教兴国的重要组成部分。

第一，科教兴国的紧迫性。教育是民族振兴、社会进步的基石。习近平总书记提出："当今世界的综合国力竞争，说到底是人才竞争，人才越来越成为

推动经济社会发展的战略性资源，教育的基础性、先导性、全局性地位和作用更加突显。"因此，坚定实施科教兴国战略，必须"始终把教育摆在优先发展的战略地位"。

第二，学校要"承担好立德树人、教书育人的神圣职责"，要"全面贯彻党的教育方针，坚持教育为社会主义现代化建设服务，为人民服务，把立德树人作为教育的根本任务，培养德、智、体、美、劳全面发展的社会主义建设者和接班人"。

第三，提高培养人才质量，高素质的教师队伍是保障。习近平总书记高度重视高水平教师队伍建设问题，把培养、造就高素质教师队伍看作立教之本、兴教之源。

我们要以深化改革的方式方法全面提升民办高校辅导员的综合素养，牢固树立中国特色社会主义理想信念，牢固树立终生学习理念，牢固树立改革创新意识，踊跃投身教育改革创新实践，自觉担负起推动现代教育发展的责任和使命。以公平竞争上岗、择优选拔任用、多向渠道培训等手段，不断激励提升民办高校辅导员的综合能力，形成乐学、乐教、乐研的良好氛围，打造一支特别能吃苦、特别能战斗、特别能奉献的民办高校辅导员教师队伍，为方兴未艾的民办高校教育事业奠定扎实的人才基础。

三、完善民办高校辅导员职业发展的路径

（一）完善针对民办高校辅导员职业发展的制度保障

1. 完善民办高校辅导员职业发展政策

从 2004 年中共中央国务院颁布的《关于进一步加强和改进大学生思想政治教育的意见》开始，我国陆续出台了一系列关于民办高校辅导员队伍建设的纲领性文件和政策性法规，然而，这些政策的实施对象是全国各高等学校。

我国尚未出台专门针对民办高校，与民办高校实际相对应的政策。因民办高校受到办学主体、办学条件及办学经费等因素制约，这些政策很难落到实处。

2002 年 12 月颁布的《中华人民共和国民办教育促进法》为民办高校的办学提供了政策性支持，然而社会对民办高校的认可度不高，民办高校没有获得应有的"身份"认同，民办高校辅导员没有得到社会所一贯认可的"政治身份"。

2. 设置民办高校辅导员专业

根据《职业能力标准》要求，民办高校辅导员应具备的职业知识包括基础知识、专业知识和法律法规常识。在招聘、入职、职业发展过程中，缺乏统

一、全面的民办高校辅导员专业背景，缺乏系统的理论基础，没有形成统一的专业要求，在民办高校辅导员职业化、专业化、专家化和事业化过程中，缺乏系统的学科专业支持。设置民办高校辅导员专业，完善统一的民办高校辅导员专业人才培养方案，明确民办高校辅导员职业发展路径，有利于民办高校辅导员职业发展。

（1）构建民办高校辅导员专业课程体系。专业设置应该具有职业导向作用，民办高校辅导员专业设置是民办高校辅导员职业发展的需要。民办高校辅导员专业除了以思想政治教育专业为主要依托外，要兼顾哲学、人文科学和自然科学等多学科、多专业的组合。这些组合与民办高校辅导员职业相关的内容，有别于传统现有的这些专业所包含的课程教学内容。民办高校辅导员具有教师和干部的双重身份，因此，民办高校辅导员专业课程体系主要从作为具有民办高校辅导员职业素质要求的教师角度和管理者的角度来构建。主要通过对现有的教育学、心理学、管理学和社会学四个专业找到民办高校辅导员专业的学科依托来实现民办高校辅导员专业课程体系的建构，如图 2-1 所示。

其中，民办高校辅导员专业课程体系包括教育学的学生学业指导、形式与政策、思想政治教育、教育法规和教育理论，心理学的教育心理学、大学生心理健康教育、心理咨询与指导、发展心理学，管理学的学生事务管理、学生危机管理、学生社团管理、学生党建团结与班建，社会学的职业发展与就业指导、社会研究方法、社会实践指导等。

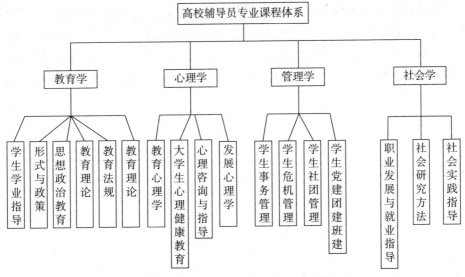

图 2-1　民办高校辅导员专业课程体系建构图

（2）明确民办高校辅导员专业职业化发展路径。民办高校辅导员专业作为一个独立的专业设置，是培养民办高校辅导员专业人才的依据。《职业能力标准》规定了民办高校辅导员的职业发展按初级、中级、高级递增的人才培养梯度，为民办高校辅导员队伍职业化指明了道路，但是各高校没有根据《职业能力标准》来制定符合各高校实际的具体措施。依据《职业能力标准》相关规定，可通过民办高校辅导员的职称和职务两个方面来实现职业化发展。

一是职称评定方面。可按民办高校辅导员学科（思想政治教育学科）的专业技术职称进行评聘，如助教、讲师、副教授、教授；从管理队伍角度看，民办高校辅导员可按教育管理序列要求评聘专业技术职称，如实习研究员、助理研究员、副研究员、研究员。二是民办高校辅导员的职务级别晋升方面。根据《职业能力标准》关于民办高校辅导员职业等级要求，可把民办高校辅导员的职务晋升分为科员级、副科级、正科级、副处级、正处级五个等级，分别对应民办高校辅导员初级、中级、高级职业等级。本书的民办高校辅导员五个职务级别有别于传统高校行政职务级别。这五个职务级别仅仅是民办高校辅导员在享受职级待遇上和专业程度上的体现，各个职级的民办高校辅导员依然要受二级学院分管学生工作的党组织副书记（副处级）的领导。科员级即初级民办高校辅导员，是指入职满一年经考核合格及以上者；副科级与正科级对应中级民办高校辅导员，科员级民办高校辅导员任职满三年经考核合格及以上者可被评定为副科级民办高校辅导员，副科级民办高校辅导员任职满两年经考核合格及以上者可被评定为正科级民办高校辅导员；副处级与正处级对应高级民办高校辅导员，正科级民办高校辅导员任职满三年且年度考核为优秀并获得地市级及以上奖励者可被评定为副处级民办高校辅导员，副处级民办高校辅导员任职满四年且年度考核为优秀并获得省级及以上奖励者可被评定为正处级民办高校辅导员，如图2-2所示。

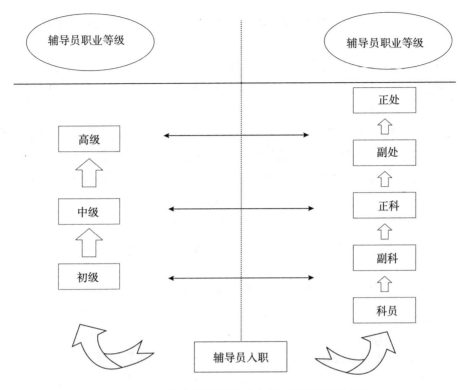

图 2-2　民办高校辅导员职业化发展路径结构图

3. 制定民办高校辅导员职业资格认定标准

明确民办高校辅导员职业资格准入制度，规范职业流动机制，对民办高校辅导员职业化、专业化、专家化发展发挥着制度性作用，有利于提高民办高校辅导员的政治地位、经济地位和社会地位。

（1）明确民办高校辅导员职业资格准入制度。民办高校辅导员作为一种职业，应该有对应的职业资格标准。因此，要建立民办高校辅导员职业岗位认证制度。制定民办高校辅导员职业认定标准可从民办高校辅导员职业素质、职业技能和行为规范三个方面来入手。具体来说，可以从理论、实际操作和实习实践三个方面来制定民办高校辅导员职业资格考核标准。

首先，在理论方面，主要考核从业者是否具备从事民办高校辅导员工作要求的相应职业理论知识。这个职业知识内容主要包括《职业能力标准》要求的基础知识、专业知识和法律法规知识及民办高校辅导员的职业道德修养知识和应用文写作知识。职业理论考核的方式主要采用笔试考核形式。

其次，在实际操作方面，主要考核从业者是否具备从事民办高校辅导员工作的职业技能素质要求和解决实际问题的能力。主要采用现场面试形式，考核的内容为情景模拟、案例分析、谈话谈心等。

最后，在实习实践方面，主要要求从业者在获得民办高校辅导员从业资格证书前必须有一年及以上时间的民办高校辅导员一线工作实习实践经历。这个实习实践要求是由民办高校辅导员的职业特殊性决定的。

（2）规范民办高校辅导员职业流动机制。要实现民办高校辅导员职业发展就要完善民办高校辅导员的流动机制。一方面，要积极创新民办高校辅导员职业流动机制，规范民办高校辅导员晋升、退出机制，搭建民办高校辅导员职业成长服务平台。另一方面，坚持相对稳定和合理流动的原则，结合民办高校辅导员的工作效果，在年度考核、职称评定及学年评优标准等方面，在政策上适当地给予倾斜，主动创造更多的职业发展方向，规范民办高校辅导员晋升、转岗、在岗、离职流动机制。

（二）形成利于民办高校辅导员职业发展的环境氛围

社会缺乏对民办高校辅导员职业认同是有其历史原因和社会原因的。民办高校因办学主体是社会力量，有时会被冠以"非正规军"的头衔。

传统观念认为，公办高校无论是在办学质量还是办学效果上，都比民办高校好很多。这种先入为主的心理会使人们对民办高校存有偏见，甚至缺乏信任感。民办高校辅导员的职业发展亟须良好的外部条件。

1. 营造宽松的职业发展氛围

民办高校辅导员往往看不到某个人职业发展空间，自我效能感低下，造成很多民办高校辅导员在工作两三年后出现转岗、离职等现象，严重影响了民办高校辅导员队伍的稳定。这主要源于人们对民办高校办学和民办高校辅导员工作的重要性的认识存在严重不足。

一方面，学生家长对民办高校办学缺乏正确认识。另一方面，社会对民办高校辅导员工作缺乏正确认识。

2. 提高民办高校辅导员职业的社会认同

一方面，可以通过提高民办高校辅导员的自我效能感、职业责任感与使命感来增强民办高校辅导员职业的社会信任感；另一方面，通过社会主流媒体的正面宣传与正确引导来提高民办高校辅导员的职业声望，从而提高社会对民办高校辅导员职业的认同感。

（三）制定适合民办高校辅导员职业发展的路径

高等学校要把贯彻落实《能力标准》作为加强民办高校辅导员队伍建设的重要任务和举措，精心组织实施；要紧密结合实际，抓紧制定贯彻落实《能力标准》的具体措施。①

因此，民办高校要根据本校实际，进一步优化民办高校辅导员队伍职业化素质与能力的培养环境，制定适合民办高校辅导员职业发展的路径，为民办高校辅导员职业发展创设更加人性化的职业环境。

1. 明确民办高校辅导员的角色定位

《能力标准》从宏观的视角说明了民办高校辅导员的角色定位——既是大学生的教育者，又是大学生的管理者。民办高校辅导员所扮演的角色过于宽泛化——"保姆式"的角色，这使得民办高校辅导员的职能偏离了本位。民办高校应该在国家政策框架下制定符合本校实际的发展政策。

（1）学生专业的指导者。民办高校辅导员是学生在大学阶段成长成才的主要实践者，在职业生涯规划、就业指导、学业指导等方面对学生进行专业指导，扮演着大学生的成长导师的角色。民办高校应重视民办高校辅导员作为学生专业指导者所发挥的作用，界定清楚其主要角色，明确其主要工作职责，把民办高校辅导员的角色功能回归本位，提高民办高校辅导员开展思想政治工作的针对性与有效性，真正做到立德树人。

（2）学生事务的管理者。民办高校学生管理工作事务性繁杂，工作量大。作为学生事务的管理者，民办高校辅导员必须明确自己的角色，发挥管理者的角色，加强学生团学组织建设，充分调动学生干部的积极性，加强学生信息化管理，鼓励学生自觉参与到事务性管理中来，最终达到学生自我管理、自我教育、自我服务的目的。

首先，民办高校辅导员要清晰认知自身的管理者身份，不必事事躬亲；其次，学校管理部门要彻底摒弃"重经验、轻理论，多实践、少总结"的工作作风，要重视民办高校辅导员理论水平的提升和管理能力的提高；再次，民办高校要转变管理思想，重视对民办高校辅导员的培养，使民办高校辅导员成为学生事务工作的专业管理者；最后，只有通过正确界定民办高校辅导员角色，科学合理地分配工作，才能提高学生管理工作的效率，促进民办高校辅导员的职业发展。

（3）学生成长的陪伴者。民办高校辅导员不仅是学生专业的指导者和学生事务的管理者，还是学生成长的陪伴者。当前，大学生在成长阶段需要有一个比自己的人生阅历更加丰富的同龄人作为其成长的陪伴者、引路人。民办高校辅导员的年龄与学生的年龄相近，使得民办高校辅导员对大学生进行"朋辈指

---

① 李波.民办高校辅导员职业化、专业化研究综述 [J].经济研究导刊，2013(32)：158.

导"成为可能。民办高校应该重视民办高校辅导员的这个无可替代的角色，充分认识陪伴者角色在培养学生形成完整人格中的重要意义。

2. 拓展民办高校辅导员的职业发展空间

民办高校辅导员肩负着培养学生全面发展的重任。为了提高思想教育的有效性，必须重视民办高校辅导员的职业发展。

（1）以人为本，实行科学考评、激励机制。通过实行科学考评机制，发挥民办高校辅导员在大学生思想政治教育的积极作用，把考评情况与激励、惩罚有机结合起来，通过外部激励、惩罚等方式来增强民办高校辅导员育人本领的内在动机，最终实现学生成才、民办高校辅导员成长和学校发展三者效率的统一。

①建立科学评价机制。由于民办高校辅导员工作的特殊性，他们的工作难以被量化，考核难度大，没有形成统一的评价机制。因此，许多民办高校没有针对辅导员一职设立单独的评价机制，主要采用专任教师的考评方式。在评价时间上，每学年末，辅导员统一参加全校一年一次的教职工年度考核；在评价内容上，主要依据传统德、能、勤、绩、廉等指标对辅导员进行考核；在评价形式上，通常采用辅导员自评与二级学院考评相结合的方式，把各民办高校辅导员考评工作归到各二级学院，按二级学院教师的相关要求进行评审。显然，传统民办高校辅导员评价机制（采用专任教师的评价机制）不能体现民办高校辅导员工作实际的实践效果，缺乏科学性。因此，必须建立科学有效的评价机制。

首先，转变传统单一的评价主体。传统的民办高校辅导员评价主体主要是二级学院与民办高校辅导员，而学校的评价往往没有可量化的标准，导致在评价过程中主观性较强，不能较好地反映民办高校辅导员工作的实效性。因此，把"单一评价"转变为"多元评价"，引入学生评价、专任教师评价、民办高校辅导员互评、学工处后勤处和保卫处协同评价等评价主体，通过更加广泛的评价主体参与评价，建立长效机制，这样才能更全面、更加客观地反映民办高校辅导员工作的质量。

其次，将"结果评价"转变为"过程评价"。民办高校辅导员工作比较复杂，事务性繁多，许多工作考核没办法完全量化，育人工作效果无法在短时间内得以量化，工作效果周期长，给考核带来一定难度。因此，要想改变传统的学年末一年考核一次的评价方式，应该更加侧重"过程评价"，为民办高校辅导员建立个人成长评价档案，记录其平时的工作效果及存在的问题，为学年末的年终考核提供依据，为民办高校辅导员的晋升、奖惩和培训提供参考。

最后，扩充民办高校辅导员的评价内容。传统的民办高校辅导员评价内容主要考核民办高校辅导员的德、能、勤、绩、廉五个方面的指标，笼统且不科学。民办高校辅导员评价内容除了包含传统五个方面的大指标外，还将《能力标准》中规定的九大高校辅导员职业功能作为二级指标，按一定权重划分考核分数，同时每个二级指标再细致划分为若干个三级指标，根据三级指标来评价民办高校辅导员的工作业绩。

②完善合理激励机制。民办高校在科学评价机制上，要完善合理的激励机制，从薪酬待遇、职称职务晋升、评奖评优、升学深造等方面提高民办高校辅导员工作的积极性。

一方面，物质激励。根据民办高校辅导员评价机制，民办高校应对考核优秀的辅导员在薪酬待遇方面给予一定奖励。比如，优化薪资结构，提高工资待遇，增加绩效补贴、学历补贴、工龄补贴、岗位补贴、伙食补贴、话费补贴。

另一方面，精神激励。对于考核优秀或者表现特别突出的辅导员，在职称职务晋升方面提供政策优惠；定期开展评选"优秀民办高校辅导员""优秀学生工作者""优秀共产党员"等活动激发辅导员的工作热情，同时，选送他们参加各类职业技能专业培训和攻读在职硕士学位或博士学位，并在培养费上给予支持，提高辅导员的职业认同感和对学校的归属感。

（2）尊重知识，落实民办高校辅导员职业流动机制。民办高校要尊重知识，重视人的价值，要在坚持相对稳定和合理流动的基础上，制定落实民办高校辅导员流动机制，包括晋升、转岗、在岗、离职或辞退四个方面。

①晋升。民办高校要建立健全民办高校辅导员的职业晋升渠道。民办高校在干部的选拔、竞聘过程中，要向辅导员队伍进行倾斜；同时要求新进教师必须先从辅导员岗位做起，从事一二年的辅导员工作，可以提高辅导员的职业自信心。提高辅导员职业的社会认可度，也有利于专任教师更加了解学生的成长特征，便于开展教书育人工作。民办高校在选聘干部时，要有意识地营造一种公平、公开、公正的竞聘氛围，提高辅导员职业晋升机制的透明性。

②转岗。转岗是指民办高校根据辅导员的性格特点、职业发展方向，在辅导员岗位工作三四年后，个人可申请由辅导员岗位转到专任教师岗位，个人职称发展按专任教师专业技术职务要求被纳入教师职称序列，或者由辅导员岗位转到学校其他行政职能部门管理岗位，个人职称发展按教育管理人员专业技术职务要求评聘。

③在岗。在岗是指辅导员从事三四年的学生工作后，如想继续留在原岗位，可结合个人职业发展方向，主动地、有针对性地提高职业技能，最终实现

辅导员队伍的职业化、专业化和专家化。

④离职或辞退。离职是指辅导员从事一定时间的学生工作后，因调整自身的职业发展规划，而离开辅导员岗位，离开高校。离职或辞退也是辅导员职业正常流动的重要表现，民办高校应畅通辅导员离职或辞退程序。

科学合理的人才流动有利于社会人才资源的优化配置，有利于实现人职匹配和辅导员队伍持续稳定及长久发展。

3. 提升民办高校辅导员的职业归属感

在心理学上，归属感是指个人感觉被别人或被团体认可与接纳时的一种心理感受或情感体验。1943年，美国人本主义心理学家马斯洛提出"需要层次理论"，他认为"归属和爱的需要"是个体重要的心理需要，只有满足了这一较低需要，才有可能出现高级需要——"自我实现的需要"。

民办高校辅导员对辅导员职业的归属感有助于增强其对民办高校的归属感，有助于其更好地认同学校历史文化和管理理念，从而树立主人翁的意识。这种主人翁意识主要体现在辅导员对人文关怀氛围的满意度，对民办高校薪酬待遇的满意度及对辅导员的职业幸福感。因此，民办高校要坚持以人为本的办学理念和正确的办学方向，转变管理方式，提高管理效率，加强人文关怀，创设温馨和谐的工作环境，提高辅导员的主人翁意识，把人文关怀融入学校日常管理中，提升教职工的职业归属感。

（1）民办高校要提高认识，转变管理理念。民办高校只有真正尊重知识、尊重人才，才能正确客观地看待自身存在的管理缺陷。

（2）在管理方式上，民办高校应该更加制度化、常态化，摆脱"人治"的管理模式。要以学生为本，以把学生培养成德、智、体、美、劳全面发展的人才作为目标；要重视学校硬件建设，但要更加重视软件建设，完善相应机构设置。

（3）民办高校应完善人员配备，提高管理服务的质量。有的民办高校为了节省经费支出，多个部门出现了人员配备不足的现象。民办高校辅导员忙于处理烦琐的事务性工作，没有充足的时间和精力加强理论学习和提高科研水平，辅导员的职业归属感无从谈起。因此，民办高校要加强机构专职人员的配备，以提高辅导员的工作效率和育人效果。

（四）提升民办高校辅导员的职业素质

马克思主义哲学认为，内因是事物变化发展的根本原因，在事物发展中起决定作用。民办高校辅导员身处学生管理工作的一线，承担着"立德树人"的艰巨任务，其职业素质的高低直接关系到民办大学生能否成长成才，关系到国家人才培养是否具备"四化"的要求，关系到整个民办高校辅导员队伍育人功能是否能够正常发挥。

1.增强民办高校辅导员的职业规划意识

民办高校辅导员在进行职业生涯规划前，首先要对自己的个性特点进行探索，同时，在了解高校工作的基础上选择适合自己职业发展的目标。为了实现这个目标，辅导员努力实践，并随着时间的推移、环境的变化，定期调整职业目标。这个目标就是个人的职业定位，如图2-3所示。

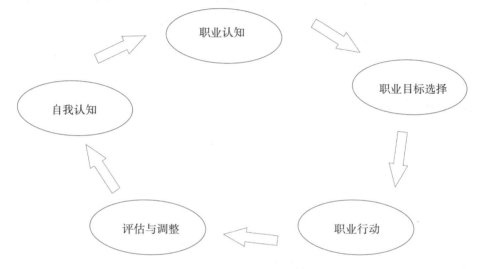

图2-3　民办高校辅导员职业生涯规划设计流程图

本书主要探讨的是民办高校辅导员职业发展问题，包括走职业化民办高校辅导员路线、转岗到专任教师路线和转岗到行政管理部门路线。

民办高校辅导员要找准职业定位，增强职业规划意识，具体包括下以几方面。

（1）树立职业意识，摆正职业心态。作为职业人，辅导员在进行职业选择的时候就要知道自己所面临的职业选择可能带来的一系列困难与问题，而且要有长期从事该职业的决心。因此，在职业定位时，无论是选择职业化道路，还是专任教师道路，或者行政管理岗位道路，辅导员都要摆正职业心态，做好随时应对所选道路出现的职业困难的准备。

（2）正确自我评估，了解职业要求。民办高校辅导员要对自身的职业兴趣、职业性格和职业价值观进行深入的分析，充分认知个体所具备的职业素质。同时，要对所从事的职业、职业发展前景进行了解，以及是否已经具备相应的职业素质要求或者具备相应的职业发展潜力做全面的衡量。

2. 提升民办高校辅导员的职业胜任力

《能力标准》明确了高校辅导员应具备的职业能力标准。它把民办高校辅导员分为初级、中级和高级三个等级的职业能力标准，并从职业功能、工作内容、能力要求、相关理论和知识要求等方面进行了详细规定。

民办高校辅导员可以通过加强专业理论研究学习和业务技能训练培养等途径来提升自身的职业胜任力，为拓展个人职业晋升通道做好准备。

（1）加强专业理论研究与学习，体现为以下方面：

①提高学术科研能力。与公办高校辅导员相比，民办高校辅导员在专业理论水平和科学研究能力方面处于劣势。民办高校辅导员队伍的专业理论水平和科研基础的底子比较薄，一定程度上阻碍了民办高校辅导员的职业化发展。民办高校辅导员要通过树立科研意识、加强科研学习和形成科研团队等途径来提高自身的学术科研能力，从而提升职业能力，拓宽职业发展通道。

第一，树立科研意识。科研意识是指民办高校辅导员根据职业能力九个方面的内容及兴趣和研究特长，就某一个或者某几个方面的内容有意识地将思想政治工作理论知识与日常实践经验结合起来，运用科学的社会研究方法加以总结、研究，形成新的科研成果并运用到实际工作当中。科研意识的高低是民办高校辅导员是否具备科研能力的重要指标。民办高校辅导员要经常总结工作经验，以科研的思维来探讨和解决学生实际生活中出现的问题。同时，民办高校辅导员要提高工作成果转化为科研成果的嗅觉敏感性。

第二，加强学术训练。有些民办高校辅导员的学术科研能力底子较薄，要比公办高校辅导员花更多的时间和精力来学习和提高。民办高校辅导员要积极主动关注当前大学生思想政治教育中的热点问题，与学生实际相贴近的重点问题，以及当前学生工作中的学术前沿问题，要树立终身学习的理念，加强思想政治理论学习与研究，要积极参加科研活动，进行学术训练，依托课题研究，结合自身工作经验，形成工作与科研的良性循环。

第三，形成科研团队。在当前市场经济时代，随着社会分工越来越细，没有人能够通过单打独斗就成就一番事业。民办高校辅导员在进行学术科学研究时也如此。因此，民办高校辅导员要积极组建团队，形成学术科研团队，通过团队协作共同促进民办高校辅导员队伍整体素质的提升。

民办高校辅导员根据所学专业和研究特长，自发组合成若干个学习小组，每个小组评选一个学科带头人负责组织本小组成员不定期地进行交流与学习。民办高校应积极创建民办高校辅导员工作室，形成科研队伍，针对不同学生工作热点问题定期开展民办高校辅导员沙龙活动；同时，依托大学生心理健康教育中心、大学生职业发展与就业指导教研室等组织积极开展教研、科研活动，加强对民办高校辅导员科研能力的培养，在全校范围内形成若干核心的科研团队。

②提升学历职称。民办高校辅导员队伍普遍存在学历层次不高、职称较低，且学历结构、职称结构不合理的现象。《普通高等学校辅导员培训规划（2013—2017年）》（教党〔2013〕962号）对专职辅导员学位要求的比例说明，国家对辅导员素质提出了更大的挑战，提升民办高校辅导员学历职称是提高其职业素质的关键。

因此，民办高校辅导员要积极参加学校教研、科研，创造条件，提升个人的学历和职称。

民办高校辅导员要加强学习专业理论，提升专业素养和职业能力，只有这样才能实现队伍的职业化，实现个人的职业发展和职业价值。

（2）加强业务技能训练与培养，体现为以下方面：

①积极参加校内外培训。民办高校辅导员工作要求辅导员要成为"多面手"，但每位辅导员都有自己不擅长的领域。这就需要辅导员在完成学生工作的前提下，定期参加职业能力培训和继续教育学习，积极向校内经验丰富的优秀辅导员学习，参加校内辅导员协会、辅导员工作沙龙等各类职业技能交流会。同时，要坚持将校内学习与"走出去"学习相结合，服从学校安排，参加各类民办高校辅导员职业技能培训和竞赛，甚至辅导员自己也要创造条件"走出去"，积极争取与其他高校交流、学习的机会，在课堂上学习理论知识，在实践中提高职业技能，夯实理论基础，提高职业能力。

②加强技能实践锻炼。民办高校辅导员职业发展中很重要的一个方面就是职业技能的提升。民办高校辅导员通过积极参加校内外各类辅导员技能竞赛、辅导员职业能力提升培训、辅导员沙龙活动和带队深入企业指导学生社会实践等，不断加强技能实践锻炼，以提高自身的职业技能。

民办高校辅导员还应该主动参加职业能力大赛，加强技能实践训练，提高职业技能水平，为促进其职业发展发挥基础性作用。

3.培育民办高校辅导员职业素养

民办高校辅导员职业素养是民办高校辅导员职业发展的重要内容，在促进大学生的全面发展，使之成为社会、国家栋梁的过程中发挥着重要作用。从职业生涯管理视角看，民办高校辅导员职业发展要求民办高校辅导员要树立终身学习的学习理念，坚持"以生为本"的管理理念，把学习理念贯穿其职业生涯发展的始终，把提高自身的职业素养作为实现职业价值的不竭动力。

（1）正确认识民办高校辅导员工作的重要性。要重视职业价值，通过增强职业认同感来培育职业素养，实现民办高校辅导员职业发展。

（2）提升职业素质。既要重视专业知识的丰富，也要注重职业技能水平的提高和职业道德修养的提升。为此，民办高校辅导员一方面要不断提高学习方法和学习效果，另一方面要创新学习理念，构建学习型民办高校辅导员团队，创建民办高校辅导员工作室，坚持从实践中升华理论知识，完成从单一学习到团体学习的过渡。

（3）提高职业效能感，坚定职业理想。民办高校辅导员只有真正热爱其工作，有正确的职业信念，才能建立起对培养全面发展的大学生的使命感和责任感，才能真正实现自身的职业价值。

第三章 民办高校辅导员职业能力分析

第一节 民办高校辅导员职业能力建设分析

民办高校辅导员工作制度的建立有其内在深刻的规律。怎样适应新时代背景下的高校及社会要求是培养民办高校辅导员的关键所在。是教育和管理双管齐下，还是教育为主，管理为辅；抑或是反其道而行之，是当今教育者迫切需要解决的难题。在具体的教育实践中，既要符合其本身的规律，又要推陈出新，大刀阔斧地适应新时代的要求。

如何培养当今大学生，使之成为国之栋梁，是每个教育者都面临的挑战。大学生风华正茂，处在人生观、价值观、世界观养成的重要阶段。如今大学教育已经不再是精英教育，如何针对普通大学生的心理和他们对于大学教育的普适性要求，找到一条符合他们的发展之路，并使之全面发展，是当前高校教育的首要任务。

回归教育本身的意义，学校起主导作用。大学生初离家门，对外面的世界了解不多。家庭教育在大学生教育中占的比重日益减少。辅导员亦师亦友，既代表学校，又代表家庭。辅导员在对大学生进行知识文化教育的同时，让他们深刻地认识这个世界。可以说，辅导员是当代大学生的引路人。

在民办学校，辅导员既是学校干部队伍的成员，又是德育教师；既有管理职责，又承担教育教学任务；既要教书，又要育人。民办高校辅导员工作内容体现了教育与管理、教书育人不能分离的教育规律。

一、民办高校辅导员职业能力建设的必要性

民办高校辅导员的身份具有双重性。他们既是高校的教师，又是最贴近学生的管理者。这种双重职责为民办高校辅导员的角色进行了相对准确的定位，同时，对民办高校辅导员职业能力培养提出了更高的要求。

民办高校辅导员在承担思想政治教育工作的同时，要承担管理者的职责。本节着重从以下几个方面探讨民办高校辅导员职业能力建设的迫切要求。

（一）新时代背景下大学生思想教育建设对民办高校辅导员职业能力建设提出的要求

改革开放以来，我国在社会经济成分、组织形式、就业形式、利益关系和分配方式及思想意识和价值观念等方面呈现出多样、多元、多变的特点。五种多样化的变化，给人们的思想和认知带来了巨大的影响，人们变得具有独立性、选择性、多边性和差异性。这些意识形态领域的变化对高校的学生工作提出了严峻的挑战。现在的大学生正处在其人生观的定型时期。根据王洪飞教授的研究，大学生的思想行为特征表现在以下几方面：一是政治思想的矛盾性。通过调查发现，43.4%的大学生认为自己有信仰；26.4%的大学生认为自己没有信仰。二是价值取向的多元性。从价值判断标准来看，当代大学生具有明显的两重性，表现为"关心与冷漠相容，希望与困惑并存，进取与彷徨相伴，认同与失落交错"。在调查中，当问到"你在遇到危难时，是否希望别人见义勇为来帮助你"时，几乎全部学生都表示了肯定；可当问到"如果别人遇到危难，你能否奋不顾身、助人为乐"时，只有35%的学生表示肯定，有48%的学生表示救人的前提是不损害自身利益，有17%的学生干脆选择了逃避。三是在求职与就业问题上，"信用缺失"现象屡见不鲜。四是在签订就业协议中的签约与违约问题上，一些学生缺乏诚信意识，契约意识淡薄，在与用人单位签订就业协议后，一旦找到条件更好的单位便想违约，甚至干脆不辞而别。大学生思想行为的现状对民办高校辅导员职业能力建设提出了新的要求。

（二）加强民办高校辅导员队伍职业能力建设是民办高校辅导员自身成长的要求

当前，民办高校辅导员队伍整体素质不够高，主要表现在以下三个方面：一是学历层次偏低。据调查，全国高校的民办高校辅导员大多为本科学历，这种状况与高校进一步改革与发展的需要不相适应。二是民办高校辅导员的学习能力有待提高。在调查中我们发现，民办高校辅导员缺少系统的培训是问题的根本所在。三是民办高校辅导员的理论素养有待进一步提高。

二、民办高校辅导员职业能力建设的标准

能力是以人的心理和生理素质为基础，在认识和实践活动中形成、发展的完成某些任务的本领，是一种能动力量，是智力和体力的有机结合，是精神和物质的动态统一。

（一）学习能力建设

《能力标准》中提出的学习能力标准包括具备宽广的知识储备，了解马克思主义理论、哲学、政治学、教育学、社会学、心理学、管理学、伦理学、法学等学科的基本原理和基础知识。[①]

民办高校辅导员的任务之一是陶冶学生的情操，拓宽学生的眼界，启迪学生的智慧，培养学生的身心健康。他们的教育对象是鲜活的、充满朝气的、蓬勃向上的大学生群体。这是一个特殊的群体，之所以称之为特殊，是因为这个群体里既有成熟的学生，也有不成熟的学生。这就要求民办高校辅导员具备将心比心的工作态度、扎实的理论功底、广博的相关学科知识，以及游刃有余的技巧和人格魅力。民办高校辅导员应以习近平新时代中国特色社会主义思想为指导思想，掌握心理学、伦理学、教育学、社会学、青年学、美学、历史学、文学等相关学科的专业知识，是具备精湛的工作技巧与艺术。讲说理，"理在情中，寓理于例"；讲引导，"启人以思，注重之本"；讲灌输，"循循善诱，潜移默化"；讲谈心，"以诚相见，以情感人"；讲鼓励，"舆论推动，榜样示范"；讲学习，"善学邯郸，不失故步"；讲批评，"改过迁善，见贤思齐"；讲形式，"生动活泼，寓教于乐"；讲创新，"变革求新，与时俱进"。

现代社会科学技术日新月异，知识信息更新和传播的速度不断加快，因此，民办高校辅导员只有不断提高自己的学习能力才能适应新时代的发展。无论民办高校辅导员原来是什么学历和专业背景，都面临着严峻的挑战，那就是认识和把握大学生思想政治工作规律。

世界上最好的教育莫过于让学生"身临其境"。教育者的任务是点燃学生智慧的火花，站在对方的角度思考问题，只有让学生自己找到正确的方向，他们才能更深刻地理解知识。

民办高校辅导员在平时的工作生活中应不断锻炼自己的语言表达能力，做到通俗、生动、准确、严密；同时，要不断地磨炼自己在公众场合做演讲的能力，能够在公开场合准确无误地表达自己的观点，并且点燃学生的激情和创造力。民办高校辅导员还应当善于用文字表达自己的想法和观点，用书面的形式向领导汇报工作和反映问题，并且适当形成日志，以便年轻民办高校辅导员进行参考和学习，也可以定期做经验交流或者案例分析之用。

[①]　刘一颖.高校辅导员队伍能力构成概述[J].传承，2011(30)：45.

（二）信息处理能力建设

《能力标准》中提出："辅导员应该能掌握思想政治教育的基本理论观点；能融入学术团队，运用理论分析、调查研究等方法归纳分析相关问题。"

当今是一个信息大爆炸的社会，对正在构建知识结构、规划人生美好未来的大学生来说，并不是所有的信息都是有用的。如何分辨哪些是有用的信息，哪些是无用的信息显得十分重要，要学会"取其精华，去其糟粕"。这就要求民办高校辅导员有很强的信息识别和处理能力，能够根据自身的经验和对学生的了解来分辨信息的正确与否，并且不断地培养学生自身的信息采集能力。

（三）创新思维和创新能力建设

大学生的培养工作是一种具有创造性的科学和艺术，因此，民办高校辅导员应具备创新精神和能力。民办高校辅导员应当注意积累素材，加强调查研究，关注社会热点，大胆进行创新（这种创新包括理论创新和实践创新）。这对民办高校辅导员提出了更加深刻的要求，要求他们能够准确地预测学生思想的发展趋势，进而掌握工作的主动权。有学者指出，培养大学生的创新精神不仅有利于课堂教学的改革，还有利于营造一个可以促进创新的校园文化氛围。民办高校辅导员应该是大学生创新的急先锋，同时，要善于为大学生创新活动搭建平台。

当今社会是全民创新、大众创业的新时代，民办高校辅导员也应该深刻领会党中央的政策和精神。如果民办高校辅导员的创新意识强、创新能力强，那么他所带领的学生团体和班级的创新意识和创新能力也会相应增强。

（四）指导就业创业的能力建设

《能力标准》对高校辅导员职业规划与就业指导能力标准的要求如下："高级辅导员能及时全面发布就业信息；能开展通用求职技巧指导、就业政策及流程解读等基本就业指导服务工作；具备基本的职业生涯规划能力，能开展就业观、择业观教育。"

由目前严峻的经济形势不难看出，高校毕业生的就业压力很大，他们迫切需要得到就业指导和择业上的帮助。就业无疑是学生和家长最为关注的问题，学生在学习专业知识时，民办高校辅导员也应该在就业能力和精神气质方面给予学生更多的影响和辅导。他们与学生朝夕相处，应该努力把自己的亲身经历和经验方法传授给学生。能够指导大学生求职和就业的民办高校辅导员更容易赢得大学生的喜爱和信任，无形中促进了民办高校辅导员与大学生之间的有效沟通，提高了民办高校辅导员在大学生中的威信。

（五）组织管理和解决问题的能力建设

民办高校辅导员要做好管理育人工作，就必须强化管理育人意识，认真组织开展学生喜闻乐见的科技、文化、体育等活动，融思想政治教育于活动之中，促进学生德、智、体、美、劳全面发展。民办高校辅导员要了解学生的思想、学习、生活情况，掌握学生的思想动态，发现问题及时解决；要严格要求自己，以身作则、言传身教，对学生进行潜移默化的思想政治教育。

学生刚入学时，民办高校辅导员就要向他们强调学校的规章制度和管理规范，帮助他们养成好的习惯。学生从一开始就形成自己的行为规范，有利于他们自我管理观念的形成，能够进行自我约束管理。任何规章制度都包含一定的思想、观念、价值标准和道德准则。辅导员通过这些制度和行为规范约束学生的行为并反复强化，时间长了，这些行为就会形成习惯，习惯积淀，慢慢就会转化为内心的信念和内在的品质。

（六）心理健康教育的能力建设

根据教育部《能力标准》的要求，心理健康教育能力建设的标准如下："能协助心理健康教育机构完成心理筛查的组织实施；能了解大学生的心理特点，熟悉大学生常见的发展性心理问题，掌握倾听、共情、尊重等沟通技能；能够与大学生建立积极有效的师生关系，帮助学生调适一般的心理困扰；能组织开展形式多样的心理健康教育宣传活动，如举办讲座、设计宣传展板；能组织学生参加陶冶情操、磨炼意志的课外文体活动，提高学生的心理健康水平。"

民办高校辅导员教育的对象是在校大学生，他们正处于心理和生理活动最复杂的时期。这个时期除了学业问题外，还涉及很多复杂的人际交往和感情问题。

他们的行为不仅受思想立场、观点的支配，还受情感、意志等其他因素的影响。所以在新时代背景下，掌握心理学知识和心理学的辅导方法是民办高校辅导员做好大学生思想政治教育工作必备的能力之一。

民办高校辅导员只有提升科研写作水平及职业能力，才能跟得上时代潮流，才能有针对性地提高自己的职业能力和自身素质，达到术业有专攻。用专业化的理论和技术来指导学生工作，不仅会使学生的教育更上一个层次，也会让学生更信服自己。民办高校辅导员还应该重视课上课下相结合，如让学生参加一些社会实践活动，在实践活动中收获经验。这样更有利于他们对自己进行总结，也有益于拉近辅导员与学生之间的距离。

（七）语言表达能力建设

根据教育部《能力标准》中提出的对于高校辅导员日常事务管理能力中的

标准，高校辅导员应该能通过主题班会、参观实践、讲座报告、交流讨论等形式开展入学教育，帮助新生熟悉、接纳并适应大学生活；能通过主题演讲、主题征文、座谈会、毕业纪念册、毕业衫等形式做好毕业生的爱校荣校教育；能为毕业生办理好毕业派遣、户档转出、党组织关系转接等工作；能通过宣讲和谈心等形式做好学生军训动员工作，指导学生积极参与军训；能组织评审各类助学金，指导学生办理助学贷款，组织学生开展勤工俭学活动，为学生办理学费减免和临时困难补助工作；能组织学生开展素质综合测评，公开公平地做好奖励评优和奖学金评审工作；能根据学校相关政策规定及社会、生活常识为学生解答一些日常问题；能指导学生依法维护自身权益；能通过召开宿舍长会议、组织宿舍文化符号比赛等形式活跃宿舍文化；能通过团体辅导、个别谈心等形式化解宿舍内学生间的矛盾。

1. 运用疏导咨询法

运用这一方法要掌握如下要点：一是以咨询者和咨询对象首先建立良好关系为前提，使谈话的氛围轻松愉悦，如此能让咨询对象放下防备心理，对咨询者畅所欲言，有助于咨询者了解咨询对象心中的苦闷和矛盾，减轻其心理压力，也使咨询者能够更加准确地为咨询对象解决问题，以达到更好的咨询效果。二是要分析对方心理障碍的深层原因，通过对咨询对象的开导激发起思考，领悟化解心理矛盾。三是要帮助咨询对象建立自信，通过自己的方式帮助咨询对象领悟矛盾的所在，从而解决矛盾。四是要通过教授具体方法，使咨询对象自我矫正能力、自控能力得到提升，引导其进行自我认知。

2. 交友谈心法

所谓交友谈心法，就是为咨询对象创造良好的人际关系来解除其心理障碍或心理疾病的方法。

运用这一方法的要点如下：民办高校辅导员要在情感上给予学生关怀、鼓励和信任，而不是一味地教育批评，要使学生能够感受到自己对他们的关心，拉近双方的心理距离。辅导员要营造一种接纳、真诚、友爱的氛围，并且要耐心倾听，不断给予学生接纳和理解，使学生放下心里包袱，完全信任地把内心痛苦都吐露出来，从而达到疏导调节的作用。

3. 自我调控法

自我调控法主要是咨询对象通过自我认识、自我导向、自我控制来消除心理障碍的方法。

运用这一方法的要点如下：一是调节自身的心理状态。人的心理状态是阶段性的，要学会自我调节。在日常的生活、学习中，当遇到挫折和失败的时候，学生要进行心理调节，以免产生心理阴影抑或形成心理问题。有效的心理问题调节能及时防治心理疾病的发生，民办高校辅导员需要在日常的生活和学习中培养学生健康的心理，让他们敢于面对挫折。二是调节人与人之间的关系。由于成长环境、生活习惯、受教育程度、社会实践水平、知识文化存在不同，学生对事物的认识存在很大差异，在性格、兴趣、爱好等方面也有所差异，再加上人与人之间不完全了解，对事物的认识处在不同阶段，认知存在局限性，所以个体之间的矛盾是普遍存在的。有了矛盾就要解决，如果矛盾长久得不解决，学生就会出现心理问题。三是调节环境氛围。大学时期是学生人生发展的重要阶段，虽然学生已成年，但其心理尚未完全成熟，在遇到问题时，如果得不到及时的疏导，很容易引发更严重的心理问题。

（八）处理突发事件的能力建设

根据教育部《能力标准》的要求，在处理突发事件时，辅导员要能第一时间赶赴现场；能尽快确认相关人员基本情况；能执行危机事件处理预案，及时稳定相关人员的情绪；能通过学生骨干、密切接触人员等渠道快速了解事件的相关信息；能对事件性质做出初步判断；能将相关情况及时向上级领导汇报，掌握基本安全教育方法，能组织开展学生安全教育活动；能培训指导各级学生骨干具备初步应急常识。

在新的历史条件下，我国出现了"五个多样化"，即社会经济成分多样化、社会组织形式多样化、社会生活多样化、就业方式多样化和分配方式多样化。在此期间，许多不安定因素开始出现。如何控制及处理大学生中的突发事件，防止突发事件的发生，成了民办高校辅导员的职责所在。

民办高校辅导员应根据大学生的特点，采取多种形式的教育活动，以正面疏导教育为主，晓之以理，动之以情，导之以行，抓住矛盾的主要方面，加以化解和引导，并密切关注大学生学习和生活中存在的具体问题，因为"学生工作无小事"。一件小事处理不当也有可能造成很严重的后果。民办高校辅导员应加强对大学生的法制教育，加强舆论的正确引导，掌握学生的思想动态。一旦发生突发事件，民办高校的校领导、干部、辅导员和教师应赶赴第一线，积极地采取措施，化解矛盾，控制局面，把事件的不良影响减小到最低限度，稳定秩序，维护和谐的环境。

三、民办高校辅导员职业能力建设的基本要求

通过近些年的努力，民办高校辅导员职业化建设取得了一些成绩，但依然存在一些普遍问题：育人概念范围不清晰，职业制度规范缺失，学科支撑缺

位，民办高校辅导员个体素质亟待提升，等等。民办高校辅导员职业化建设是一项复杂的系统工程，需要进行必要的统筹协调。因此，构建合理的民办高校辅导员职业能力建设模型，要坚持从政府、高校以及民办高校辅导员自身等多个角度发力，通过明确理念、总结经验不断地推进制度发展，确保政策的导向作用，借鉴国内外学生事务管理经验，构建协调的工作系统，强化能力建设主体责任，形成职业能力建设的基本条件。

（一）坚持科学理念

1. 理念的形成是一切工作的前提

中华人民共和国成立以来，我国各级各类高等教育系统由上至下开展了大学生思想政治教育的大胆尝试，尤其是党中央高度重视大学生思想政治教育工作，提出了"育人为本、德育为先"的教育方针，为高校进行大学生思想政治教育定下了基调。国家在推进民办高校辅导员队伍建设的过程中，坚持以习近平新时代高等教育的重要论述为指导，认真贯彻思想政治教育工作。但是在此过程中，我们也发现了很多问题，如在大学生教育中重智育轻德育、在事务性劳作上缺乏思想引领。这些问题的背后有着深层次原因。一是急功近利。由于智育教育的成果鲜明、时效性较强，民办高校辅导员在这方面投入的精力往往更多。二是没有充分发挥德育的作用。在学校层面，民办高校辅导员要利用学校资源和社会资源为学生创造学习机会和条件，但民办高校与社会协同育人的过程中存在问题，导致辅导员无法发挥协调员的作用。总而言之，全面落实"三全育人"的理念，协调好全员之间的关系，构建科学的团队工作机制和团队协作理念是提升民办高校辅导员职业能力的重要途径。

2. 坚持立德树人理念

党的十九大报告强调要"全面贯彻党的教育方针，落实立德树人根本任务"。高等学校的首要目标是为社会输出合格的建设者和可靠的接班人，特别是培养坚定的共产主义信仰，主动投身国家建设和推动社会进步的青年人，而功利化的教育显然违背了社会主义办学方向。促进大学生全面发展是民办高校辅导员工作的本质要求，他们作为大学生思想政治教育的骨干力量，要坚持高质量履行立德树人的内在职责，认真贯彻落实会议精神，响应号召，加强培养学生的社会使命感、创新精神、职业素养和实践能力。要想推进民办高校辅导员职业化、专业化队伍建设，着力提升民办高校辅导员整体工作能力，促进民办高校实现育人目标的深远意义，是离不开各职能部门和工作人员的协作互助的。完善现代大学制度，强化内部治理体系的科学化发展，全体教职员工都应当坚守"立德树人"这一根本理念，做好顶层设计，完善政策制度，强化监督保障，确保围绕"立德树人"的根本任务开展工作，牢固树立起人才培养的核心地位，坚决抵制违背"立德树人"理念的各项行为。

（二）扩大协同育人队伍

当前我国民办高校辅导员主要实行学校学工部门和学院双重管理模式。一般情况下，民办高校辅导员在学院分管某个年级学生的全部学生工作，重复进行评奖评优、困难补助、查寝考勤、办证补证及档案收发等工作。在校内，只要是与学生有关的工作都与民办高校辅导员有关，甚至课堂考勤、考试管理和专业实习等亦不例外。如果没有协同育人的机制，"干事有平台、工作有条件"将无法落地，民办高校辅导员的职业边界会依旧不清晰。因此，扩大协同育人队伍，打造协同育人环境，有利于优化民办高校辅导员职业化的发展路径。

1. 构建民办高校辅导员团队内部协同机制

民办高校辅导员单一工作模式是导致民办高校辅导员工作繁重的关键因素。实践发现，民办高校辅导员工作团队建设可以大大提升民办高校辅导员工作的实际效果，有效促进他们职业能力的提升。从优化工作结构、促进专业化发展、提升工作实效的角度看，必须构建民办高校辅导员团队内部四级职业能力合作模型，大大推进民办高校辅导员职业能力的提升。

2. 搭建班主任参与协同育人平台

当前很多民办高校教师晋升职称都要求有辅导员工作经历，这在很大程度上减轻了辅导员在学生学业指导方面的压力，为辅导员分担了很多日常管理事务。但很多时候，辅导员与班主任之间的工作协同关系尚不科学。因此，搭建好班主任参与协同育人的思想政治教育工作平台，对辅导员的职业能力提升有重要作用。发挥辅导员和班主任的联动作用将大大提升工作效率，继而提高育人效果，实现协同育人目标。

3. 鼓励思政教师参与协同育人系统

在民办高校，大多数辅导员承担着一部分思想政治理论课的教学工作。多数辅导员都会讲授"思想道德修养与法律基础""形势与政策"等课程，是思想政治理论课教师（简称"思政教师"）队伍的组成部分，二者形成了必然的联系。民办高校辅导员以思想政治实践教育为主要工作内容，思政教师则以课堂教学为主要教育场地，这就为他们提供了合作的前提。民办高校辅导员在掌握学生的实时思想动态和兴趣特长上占据优势，而思政教师在学校前言和掌握理论研究的深度上具有明显的优势。如果能够搭建起民办高校辅导员和思政教师协同育人的平台，将大大提高教育质量，并促进二者共同进步。在实践中，民办高校辅导员与思政教师可以开展协同教学，实现协同育人的目标。因此，民办高校辅导员职业化建设要充分考虑到两支队伍的合作共赢，在合作中推进民办高校辅导员的职业化发展。

4.完善民办高校辅导员考核与激励制度

《能力标准》明确规定了高校辅导员职业发展的层级，并对应列出了高校辅导员职业内容考核的依据，是民办高校辅导员队伍素质能力标准化进程的开端。但是该标准还处于原则性、指导性的层面，可量化的内容和可操作性都尚显不足。完善考核评价与激励制度需要依据职业现实需要，既要满足岗位职责规定，又要激发从业者的职业热情。

因此，考核评价一方面要遵守职业规范，另一方面要坚持落实考核标准。同时，在考核过程中，民办高校应侧重考察辅导员的实际工作业绩和育人实效。考评制度要注意结合民办高校辅导员工作的特点与热点，注意从制度导向发挥考评，促进民办高校辅导员工作效率提升的作用，形成以考核促发展、以考评提质量、以激励稳队伍的良性机制。尤其要把民办高校辅导员工作与其他教学和管理工作等区分开来，还要注意在考核中要合理、科学地体现层次性，丰富民办高校辅导员职业业绩的衡量维度。

5.整合行政资源，营造协同育人环境。

大量的管理工作是民办高校辅导员日常必须面对的，特别是学校行政部门关于学生的管理服务往往是以民办高校辅导员为桥梁完成的。如何充分整合学校各部门的资源，实现对学生的有效管理，提升工作效率和质量，是民办高校辅导员要充分关注的问题。

共享是达成协同育人目标的重要途径。例如，加大与行政部门的协调和沟通工作，争取政策与资源的支持，帮助民办高校辅导员开展工作。通过为行政部门推荐学生勤工俭学、实习锻炼及工作助理的方式，发挥行政部门管理育人的重要作用。另外，各部门的管理干部还可以对学生开展必要的思想教育、职业指导及能力提升辅导等工作。这无形中大大减轻了民办高校辅导员的工作压力，促进了高校管理育人智能的发挥。因此，民办高校辅导员要重视日常与行政管理人员一起工作的机会，整合好行政资源，营造协同育人环境，吸引行政管理人员助力学生成长成才教育。这也有利于促进行政部门对民办高校辅导员职业的认同，优化辅导员职业能力提升的民办高校内部环境。

6.规范民办高校辅导员各项培训和制度

规范民办高校辅导员各项培训和制度是民办高校辅导员胜任岗位的必备选

择，是民办高校辅导员制度体系科学性和可行性的体现。近年来，多数辅导员处于忙于日常工作、疏于自身提升的状态，而民办高校在高水平建设过程中也存在着对辅导员成长不够重视的问题，不利于辅导员综合素质的发展，最终导致辅导员自身发展缓慢，职业化、专业化进程受阻。而对民办高校辅导员各项培训和制度进行必要的规范，可以在一定程度上提升民办高校辅导员自身的能力，同时，对民办高校辅导员队伍建设起重要的保护作用。

第二节　民办高校辅导员职业素养构成

素养是指人的内在的品质或质量，是转化和形成能力的必要条件。"素养是人们在先天遗传条件下，经过环境熏陶、教育培养和自身活动的历练，日积月累起来的基本稳定的内在品质，是智力因素与非智力因素的统一。"[1]素养是知识和技能的升华和内化，既包括可以开发的人的身心潜能，又包括社会发展的物质文明和精神文明成果在人的身心结构中的积淀。从广义上说，素养是指人的品质、质量，即人的总体发展水平，是由人的各种品质构成的一个整体结构。所以，素养是一个综合的概念，是以人的个体的先天禀赋为基础，通过环境和教育的影响所形成和发展起来的、相对稳定的身心要素、结构及其质量水平。由此可见，人的素养具有全面、整体的特点，是一个多方面、多层次的完整结构，各个组成部分相互制约、相互促进。

国内学者对民办高校辅导员素养进行论述，可归结为"三要素论""四要素论""五要素论""六要素论"等观点。例如，陆庆壬在《思想政治教育学原理》中提出："思想政治教育者具有五种修养：政治素养、思想素养、文化素养、能力素养、身体素养。"[2]邱伟光和张耀灿在《思想政治教育学原理》中提出了六种素养：政治素养、思想素养、道德素养、知识素养、心理素养、能力素养。

国外也有关于高校学生管理工作者素养的许多研究。尽管这些国家和地区的高校与我国高校在此类活动的内容、形式、人员要求等方面存在较大差异，但就具体内容而言，仍有不少可借鉴的地方。国外高校与我国高校学生工作人员类似的主要包括学生事务管理人员、心理或就业辅导员等。美国社会心理学家伊根从 13 个方面对辅导员的要求进行了详细描述，其中包括身体、知识、

---

① 佟庆伟，秋实 . 个体素质结构论 [M]. 北京：中国科学技术出版社，2001：15.

② 陆庆壬 . 思想政治教育学原理 [M]. 北京：高等教育出版社，1991：366.

技能、态度、应变等多个方面。①美国心理学家科里对辅导员作为一个治疗性的人应具备的十多项特征做了归纳，包括清晰的身份感、真诚、诚恳、诚实、幽默、开放、尊重他人、关心他人等品质。从以上学者对辅导员素养特征的总结来看，西方国家以及我国高校对学生事务管理人员及辅导员的素养要求非常具体、细致，能够为我们深入思考民办高校辅导员素养问题提供重要的参考。

分析民办高校辅导员所要求的专业素养，就是在前人研究的基础上，通过调查与统计分析，对民办高校辅导员素养进行新的归纳，并初步揭示各类素养之间的关系。综合国内外学者研究，结合目前高等教育发展的新趋势及高校学生管理工作发展的新情况、新问题，笔者认为民办高校辅导员专业素养主要应包括个人思想政治素养、专业知识素养、管理能力素养三个方面。

一、个人思想政治素养

近年来，中共中央、教育部连续颁发了许多文件，对高校思想政治教育工作、民办高校辅导员队伍建设做出了明确的规定。因而，从文件入手进行分析，可以在国家的政策层面上对民办高校辅导员基本素养进行把握。

（一）《关于进一步加强和改进大学生思想政治教育的意见》中提出的素养要求

根据《中共中央国务院关于进一步加强和改进大学生思想政治教育的意见》（中发〔2004〕16号），2005年，中共中央宣传部、教育部发出了《中共中央宣传部教育部关于进一步加强和改进高等学校思想政治理论课的若干意见》（教社政〔2005〕5号），2008年，中共中央宣传部、教育部又发出了《中共中央宣传部教育部关于进一步加强高等学校学生思想政治工作队伍建设的若干意见》（教社科〔2008〕5号）。这一系列文件都明确指出了在21世纪，加强、改进大学生思想政治教育，提高大学生思想政治素养的战略意义。同时，这些文件要求高校学生思想政治工作者必须依据"坚持学习科学文化与加强思想修养的统一、坚持学习书本知识与投身社会实践的统一、坚持实现自身价值与服务祖国人民的统一、坚持树立远大理想与进行艰苦奋斗的统一"的原则，以及"思想政治素养是最重要的素养"的精神，教育、引导学生树立正确的理想和信念，加强思想修养。

上述文件要求全国所有高等学校必须充分认识思想政治教育任务的紧迫性，明确加强学生思想政治工作队伍建设的重要性，要求建设一支政治素养和

---

① 樊富珉，陈启芳，何镜炜.香港高校学生辅导[M].北京：清华大学出版社，2001：116.

思想作风好、理论功底扎实、学历层次高、勇于开拓创新、具有较强组织管理能力、善于联系实际、结构合理的大学生思想政治工作队伍。而民办高校辅导员是大学生思想政治工作队伍的重要组成部分，这些文件中提出的素养要求也是对民办高校辅导员的要求。由此可见，上述文件规定的对于民办高校辅导员的综合素养要求在许多方面明显要高于其他专业或课程的教师。

（二）《关于加强高等学校辅导员班主任队伍建设的意见》《普通高等学校民办高校辅导员队伍建设规定》中提出的素养要求

教育部按照中共中央的有关文件精神及高等学校民办高校辅导员工作发展情况，颁布了一系列关于民办高校辅导员工作要求和工作规范的文件，其中又以《关于加强高等学校辅导员班主任队伍建设的意见》和《普通高等学校辅导员队伍建设规定》最为详细和最具代表性。

《关于加强高等学校辅导员班主任队伍建设的意见》明确指出了高校辅导员所担当的角色和职责。民办高校辅导员工作在大学生思想政治教育的第一线，要按照学校党委部署，有针对性地开展思想政治教育活动，在重大政治问题上要求立场坚定、旗帜鲜明，并与中共中央保持高度一致，坚决维护党和国家的利益及所在高校的稳定。

这些职责要求民办高校辅导员关心学生，乐于奉献，善于做大学生思想政治工作，具备较强的组织管理能力、学生工作能力及语言和文字表达能力。同时，要求民办高校辅导员加强对马克思主义、毛泽东思想、中国特色社会主义理论体系及时事政策的学习，及时充实自己在管理学、教育学、社会学和心理学及就业指导、学生事务管理等方面的知识，从而不断提高自身的思想政治素养业务能力。

《普通高等学校辅导员队伍建设规定》中明确规定了高校总体上专职高校辅导员的师生比不低于1∶200，并且要求高校辅导员的配备要求以专为主，专兼结合。文件还明确规定了高校辅导员的工作性质，并对高校辅导员素养提出了一些基本要求，这是对高校辅导员队伍建设和职业发展的保证。

（1）知识要求。知识包括习近平新时代中国特色社会主义思想、时事政策、思想政治工作专业知识。

（2）职业意识要求。职业意识包括政治敏锐性、品行端正、热爱思想政治工作、热爱学生、责任感、奉献精神、以身作则、为人师表。

（3）能力要求。能力包括政治分辨能力、表达能力、组织管理能力、调查研究能力。

（4）技能要求。技能包括思想政治教育技能、教学技能、大学生工作技能。

文件还对目前高校辅导员的基本素养提出了以下要求：①政治强、业务精、纪律严、作风正；②具备本科及以上学历，德才兼备，乐于奉献，潜心教书育人，热爱大学生思想政治教育事业；③具有相关的学科专业背景，具备较强的组织管理能力和语言、文字表达能力，接受过系统的上岗培训并取得合格证书。

以上一系列国家政策文件提出的高校辅导员基本职责和素养要求反映了21世纪高校辅导员工作的基本情况和需要。虽然文件规定仅仅只是最基本的要求，但对我们进行民办高校辅导员应当具备哪些素养的分析和研究具有方向性的指导意义。

二、专业知识素养

大学生思想政治教育工作是一项综合性、专业性、知识性很强的工作，如果没有丰富的知识，就难以胜任这项工作。人们常说"识高则胆大，气盛则声宏"，渊博的知识是民办高校辅导员做好学生工作的基础。在实践中，民办高校辅导员至少应该具备三方面的知识素养：正确的政治理论知识、扎实的文化基础知识、深厚的相关专业知识。民办高校辅导员应当是一名具有较高马克思主义理论素养的教育工作者，能够从理论的高度帮助学生解决许多疑难问题，批判形形色色的错误观点和思潮，在意识形态领域自觉捍卫马克思主义的指导地位。同时，民办高校辅导员要立足知识的前沿，掌握本专业及思想政治教育专业发展的方向与最新成果，了解本学科最新的发展动态和趋势，在教育教学中，能从较高层次驾驭和把握本专业的知识体系，真正践行"学高为师，身正为范"，做到既教书又育人，在思想政治教育工作中取得双赢效果。

随着经济的多元化和高等教育改革的不断深入，高校管理机制、人才培养模式发生了深刻的变革，学生的实际情况、思想观念更加复杂。21世纪，民办高校辅导员工作的具体内容也由原来以单一的思想政治教育工作为主向兼顾学生事务管理和咨询服务转变，这对民办高校辅导员的专业知识素养提出了更高的要求。

这就要求民办高校辅导员具备政治学、管理学、社会学、经济学、教育学、心理学、生涯规划等方面的理论基础知识。民办高校辅导员是学生的管理、辅导者，而且其管理、辅导咨询服务功能正在不断拓展，面对学生的多种不同诉求，民办高校辅导员只有掌握教育学、心理学的理论，了解教育的内在规律，把握学生的心理特征，从学生的需求出发，运用科学的教育方法，为学生提供咨询服务，才能有效地促进大学生主体作用的发挥，真正将辅导、服务落实到学生的日常学习、生活事务中。

（一）思想政治理论知识

民办高校辅导员一定要具备学科专业背景和思想政治教育工作专门知识。作为大学生思想政治教育的骨干力量，民办高校辅导员必须先提高自身的思想政治理论素养。这就要求民办高校辅导员要加强对习近平新时代中国特色社会主义思想的学习，并且在学习中做到学以致用、理论结合实际。通过学习思想政治理论知识，民办高校辅导员做到站在马克思主义的立场、用马克思主义观点和方法观察社会、认识社会，在复杂的环境中分析社会发展的趋势。尤其是在当今社会利益多元和现象复杂的情况下，民办高校辅导员只有不断提高思想政治素养，才能明确政治方向，坚持政治立场，提高鉴别能力和政治敏锐性，在大是大非面前旗帜鲜明、立场坚定，始终与中共中央保持政治上的高度一致。同时，民办高校辅导员只有不断用思想政治理论武装自己的头脑，才能不断将新的理论应用于实际工作，才能更好地在学生中开展思想政治教育。

（二）心理学知识

如今，人们越来越关注学生的心理健康教育，民办高校辅导员作为学生管理工作的一线人员，是与学生交流最多、接触最广、影响最深的教育者。民办高校辅导员往往是最能掌握学生心理动态、了解学生心理变化、感触学生内心世界、贴近学生真实生活的人。因此，在学生心理健康教育中，民办高校辅导员扮演着无可替代的重要角色。然而，如果民办高校辅导员没有足够的心理学知识作为基础，很有可能就丧失了对学生心理问题进行初步开导的机会。所以，专业的民办高校辅导员只有学习心理学的相关知识，才能充分发挥自身的作用，对学生进行先期的心理健康教育和引导。据此，民办高校辅导员在培训中应当认真学习心理学课程及相关知识。

（三）管理学知识

民办高校辅导员面对的是思维活跃、情绪高涨、易于接受新鲜事物的当代大学生，要想管理好这样的群体，学习一些常用的管理学知识是必要的。管理是保证组织有效运行必不可少的条件，是协调组织中各部分的活动，并使之与环境相适应的主要力量。目前，在我国高校扩招的背景下，一个民办高校辅导员往往面对若干班级，或者是跨年级的几个班级，甚至是整个二级学院的全体学生，管理人数多，层次差别大。要想有效地发挥组织的作用，做到科学管理、人性化管理，迫切需要民办高校辅导员具备管理知识，懂得管理艺术。管理学应该是一门集多种学科为一体的学科，包括哲学、逻辑学、心理学等方面的基础知识。民办高校辅导员学习管理学知识对自身思想意识、思维方式、洞察能力、修养等的提高均有所帮助。

（四）教育学知识

教育学的研究对象是人类教育现象和问题，以及教育的一般规律。民办高校辅导员学习教育学有关知识主要是了解高等教育的基本理论，确立科学的教育观念，掌握从事教学、德育及科研等工作的基础知识。只有这样，才能顺应教育的一般规律，引导学生树立正确的世界观、人生观、价值观、学习观，为学风建设打好思想基础。可见，学习教育学知识是民办高校辅导员上岗培训的重要内容。

（五）法律知识

民办高校辅导员自觉地学习法律知识，一方面可以更好地处理学生事务，用法律规范管理行为、解决学生争端；另一方面有利于开展学生普法知识教育，营造良好的教育环境、校园环境及浓厚的民主与法治氛围，增强学生的法制意识，使学生树立法制观念，知道哪些该做、哪些不该做，懂得正确运用法律知识保护自己和他人的合法权利，进而维护校园的安全稳定。

此外，民办高校辅导员还需要学习学生事务管理、计算机与网络、形势与政策等方面的相关知识，熟悉国家和学校的帮扶政策、组织发展程序的规定，具备观察能力，组织协调能力，口头和书面表达能力，发现、培养和引导人才的能力，总结工作的能力，等等。民办高校辅导员只有通过不断地、系统地学习相关专业知识，才能顺利地由传统的经验型向科研型转变，由知识的单一型向复合型转变，由非专业化和非职业化向专业化和职业化转变。

三、管理能力素养

目前，民办高校辅导员的工作任务主要集中在思想政治教育、德育工作、学生日常事务管理和学生相关服务工作四个方面。有关的政策文件及部分高校已经对民办高校辅导员的工作职责提出了一些明确规定和具体要求。表3-1是参考目前有关研究成果，结合民办高校辅导员实际情况，总结、归纳的民办高校辅导员工作职责。据此，才能够进一步分析民办高校辅导员应具备的能力和素质。

表 3-1　民办高校辅导员职责与工作任务

职责一	负责思想政治教育的展开	1. 深入寝室、课堂，了解大学生关心的热点问题，掌握其思想政治状况和动态 2. 以班级为单位，组织思想政治教育活动 3. 同思想政治理论课教师和班级骨干共同展开教育活动
职责二	指导大学生的学习	1. 了解学生的学习水平和能力，进行针对性指导 2. 帮助学生树立终身学习理念 3. 指导学生学习方法，使其养成良好的学习习惯 4. 帮助学生端正学习态度，激发其学习兴趣 5. 通过班级活动营造良好的班级学习氛围 6. 协助任课教师进行日常教学管理
职责三	为大学生提供心理辅导服务	1. 经常与学生交流，了解学生的个性特点、家庭状况、人际关系状况等 2. 进行心理健康常识宣传教育，举行相关讲座或主题活动 3. 联系心理咨询中心、专业咨询师，为学生进行团体训练 4. 为寻求帮助的学生个体提供心理辅导或帮助，帮助学生走出困惑 5. 对为个别出现心理偏差的学生进行心理干预，及时处理突发事件
职责四	提供职业咨询、就业指导和服务	1. 根据学生特点，指导学生制订职业计划，特别关注毕业班和特殊需要的学生 2. 帮助学生树立正确的就业观，调试择业心理 3. 引导学生进行职业规划，帮助学生进行职业能力训练 4. 组织相关专家举行就业形势、就业政策、求职技巧讲座 5. 运用多种渠道收集并发布相关就业信息 6. 建立与企事业单位的联系，为学生提供实习机会
职责五	帮助大学生解决生活问题	1. 落实对贫困学生有关资助的工作 2. 组织好学生勤工助学工作 3. 纠正学生的不良生活习惯 4. 协调学生之间的矛盾，引导他们和谐交往
职责六	指导学生党支部、班委会、团支部和学生社团的建设	1. 制定班级各项规章 2. 培养学生骨干，组建好班委队伍 3. 组织学生进行班级文化建设 4. 协助学校、院系完成各类活动和任务 5. 指导学生干部进行党团支部的建设

民办高校辅导员是大学生日常思想政治教育和管理工作的组织者、实施者和指导者，是大学生的人生导师和大学生健康成长的知心朋友，其组织和管理能力直接影响着工作效果。因此，民办高校辅导员要具备一定的组织和管理能力，如组织各种活动、协调各种关系、调动各方的积极性、贯彻落实学校的各项规章制度。

开展丰富多彩的第二课堂活动需要民办高校辅导员具备较高的领导能力。在开展活动的过程中，民办高校辅导员不仅要能干事业，还要善于带队伍。大学时期是学生人生观逐步形成的关键时期，此时的学生具有较强的自主意识、成才意识和强烈的表现欲望。其中，学生干部作为联系学生与教师的纽带，是加强大学生自我管理、自我教育的重要力量。民办高校辅导员要根据学生的特点，合理地利用和开发学生干部资源，充分调动他们的积极性和能动性，使学生干部成为自己的左膀右臂。一方面，民办高校辅导员要学会发现学生的潜力，用其所长，避其所短，做到知人善任，在工作中积极培养学生干部的能力；另一方面，确立合理的学生组织机构，引进竞争机制，营造良好的工作氛围，培养富有朝气、踏实进取的学生干部，充分调动每个学生干部的积极性。

第三节　民办高校辅导员责任意识分析

责任是客观存在的，不会因为人的意愿而转移，同时其客观性体现在人类必须对以往的历史负责。正如恩格斯所说："无论历史的结局如何，人们总是通过每一个人追求他自己的、自觉预期的目的来创造他们的历史，而这许多按不同方向活动的愿望及其对外部世界的各种各样作用的合力，就是历史。"也就是说，责任是客观存在的。另外，人类为了满足自身的需要，一直在与客观物质世界进行博弈。人和人、人和自然的相互交往促使社会不断发展，这是客观存在的。对象性是指必须有对象去承担责任，个人所承担的责任并不是毫无条理的，责任与个人的社会身份联系在一起，随着身份的变化而变化。民办高校辅导员作为责任主体，必须承担起与自己角色相对应的责任。

只有了解民办高校辅导员肩负的责任和应具有的责任意识，并通过相应理论帮助他们成为一个个政治坚定、作风优良、品德高尚、业务突出的"人师"，才能使他们为国家做出应有的贡献。

一、民办高校辅导员责任意识的相关概念

如果责任是外部环境对个人的需求，是一种外在的要求和规定，是一种他律，那么责任意识是认识到自己的责任并认可，将外部需求转为内心的意识，是一种自律。可以说，责任意识为人生指明了方向，它使人们得到精神享受的同时，奔向了更积极的人生。

（一）责任

在不同的文化领域和学科领域，人们对责任的解读不尽相同。我国历史上有很多关于责任的论述，经典的儒家学说从实际的伦理关系开始，划分了各种

社会职务，并赋予相应的责任。比如，苏轼的"报国之心，死而后已"，霍去病的"匈奴未灭，何以家为"，周恩来的"为中华之崛起而读书"。此一层"责任"的意思是"对事、对他人、对己、对社会都有应尽的义务"。除这层意思外，"责任"还有另外一层的意思，即"应承担的过失"，如没有完成任务造成损失，需要追究责任。

上述是从语意的角度去解释责任，而从含义和内涵上解释，责任可以说是一种职责或任务，它是随着社会自然而然产生的，处于社会中的个体应遵守相应的条例和规则，具有强制性。与之相近的是义务，义务是指在法律的要求下对某些主体必须做出某些行为或不得做出某些行为的约束。可见，与责任相比，义务更具有强迫性，是一种客观要求。

同时，从人们对责任的认识和理解分析，责任具有社会性、客观性和对象性。社会性是指责任是伴随着社会产生的，有人则必有责任。正如马克思所说："作为确定的人、现实的人，你就有规定，就有使命，就有任务，至于你是否意识到这一点，那是无所谓的。"另外，随着社会的内涵变得越来越丰富，人们肩负的责任也变得越来越多，这表示随着社会的发展，人们需要不断加强对责任的研究。

（二）责任意识

责任意识是一种社会意识，要求每个人都应正确认识社会的客观要求，明确自我身份和社会对这种身份的期望，考虑做事的后果，对自己的做法和要求有明确的认识，根据规律和实际要求对自己的做法做出理性的判断。

责任意识需要人们在了解责任的基础上进行培养。一方面，人们要对自我身份有着正确的认识，能够客观全面地剖析自己，清楚地认识自身所肩负的责任，这是树立责任意识的必要条件。另一方面，人们要能够认可并主动承担责任，将国家、民族、社会对其自身的要求转化为个人需求，从而发自内心地认可自身责任并积极主动地去承担，完成由思想到行动上的转变。这种转变反过来会促进责任意识的形成，这就完成了责任到责任意识的转变。在本书中，责任意识被理解为内化的责任概念和外化的责任行为的总和。它是人类思想品德结构的一部分，是一种价值取向，是社会规范的自我认知和行为的表现。

责任意识的出现和发展离不开以下五部分：责任认识、责任感情、责任意念、责任信念、责任行为。这五部分相互关联、互相促进，共同影响着责任意识。责任认识是指个人对责任意识内涵的理解，是积累经验的过程，这种理解是所有行为和习惯的基础和前提。责任感情是在责任逐渐形成的过程中不断加强和深化的情感，能够增强责任意识，丰富责任的意义和内涵。责任意念是人类在责任事件的实践中自发解决问题、消除障碍的意志。责任信念是连接认知和行为的中心枢纽，是理性分析和情感体验的结果，是人们行动的指南。这个信念一旦被肯定，个人就会坚持这种信念，它比前三个更加全面、持久和稳定。责任行为是在责任认识、责任感情、责任意念、责任信念的协调配合下，在实际活动中做出的行动。责任习惯是责任行为的较高境界，习惯养成后，将加深认识，增强感情，磨炼意念，发展信念。良好的责任意识不能与上述五部分分离，缺乏其中任意一个，就很难形成责任意识。

（三）民办高校辅导员责任意识

民办高校辅导员责任意识，顾名思义，是民办高校辅导员作为行为主体，能够正确认识一定条件下社会等方面的客观要求，明确个人的角色和社会等方面对辅导员这一角色的期望，从而清楚地认识到自己的责任，并将所承担的责任转变为主动履行职责的心理活动。

民办高校辅导员的责任与责任意识对思想政治教育工作的成效和人才培育目标的实现起着至关重要的作用。

育人，是一个主体（可以是个人或单位）通过一定的途径和方法，在思想和知识上培育其他客体的活动。从这个角度看，如今学校所采用的各种各样的教育方式、方法和举措都在育人，这也是其广义含义。

民办高校辅导员作为大学生思想的引领者，必须有传播正确的理论、传播党和国家的方针政策、传播民族精神的政治育人责任；要有维护学校稳定、维护学生安定的管理育人责任；要在日常的学生工作中树立服务意识，有尊重、爱护、关心学生的服务育人责任；要为人师表，有帮助学生树立正确的"三观"和"六有"（有理想、有追求、有担当、有作为、有品质、有修养）的道德育人责任。

由此可见，民办高校辅导员肩负着政治育人责任、管理育人责任、服务育人责任、道德育人责任四大责任。民办高校辅导员责任意识是指辅导员在工作中表现出的担当责任和践行职责的自律意识和品德素养，这是新时代师德的一个核心内容。结合实际来看，民办高校辅导员应有强烈的政治育人责任意识、管理育人责任意识、服务育人责任意识和道德育人责任意识。

二、民办高校辅导员责任意识的核心内容

民办高校辅导员是学生工作最基层的组织者、实施者和管理者，育人是民办高校辅导员工作和责任的核心内容。从目前民办高校辅导员的工作实际来看，政治育人责任、管理育人责任、服务育人责任和道德育人责任是民办高校

辅导员必须具有的责任意识的核心内容。

（一）政治育人责任

2017 年 2 月 27 日，中共中央、国务院印发了《关于加强和改进新形势下高校思想政治工作的意见》，着重强调了高校要强化思想理论教育和价值引领，应把理想信念教育放在首位。因此，作为学生思想引导者的民办高校辅导员一定要承担起以下政治育人责任。

1. 传播正确的理论之责

恩格斯指出："马克思的整个世界观不是教义，而是方法。"唯有马克思主义的方法论，才能帮助学生建立正确的世界观、人生观、价值观。如今，生活条件日益改善，学生接受锻炼和接触复杂环境的机会越来越少，他们在社会经验方面往往有所欠缺，因此，不良的信息容易对学生造成影响。对此，民办高校辅导员要明确马克思主义理论的地位，坚持用马克思主义理论教育、引导学生，帮助学生建立正确的世界观、人生观、价值观，使学生坚定建设中国特色社会主义伟大事业的决心。这对学生的成长成才和未来发展非常重要。

2. 传播党和国家的方针、政策之责

党和国家十分重视教育工作，将各项工作内容落实到具体方针与政策中，这些方针、政策体现了一段时期内国家发展的纲领与目标。民办高校辅导员的工作职责是为党和国家培养人才，因此，应将党和国家的需求放在首要位置，引导学生树立正确的理想和信念，这也是民办高校辅导员的工作职责之一。中华民族历经数千年历史，在波涛汹涌的长河中，有过辉煌，也有过挫折。当下，我国提出了具体奋斗目标，即实现"两个一百年"奋斗目标，实现中华民族伟大复兴的中国梦。大学生走在时代的前沿，在实现中国梦的过程中具有重要地位，发挥着重要作用。因此，大学生必须坚定信念，追随党的脚步。民办高校辅导员要通过不同的途径和方法传播党和国家的方针、政策，让学生的思想与党和国家的方针、政策相统一，将学生培养成可靠且合格的社会主义接班人和建设者。

3. 传承民族精神之责

中华民族的精神既扎根于我国优秀的传统民族文化中，又同中国共产党领导全国人民在不断地发展、建设中形成的优良传统与伟大精神融合在一起，是中华民族欣欣向荣、兴旺发达的动力。大学生作为继承和发扬中国特色社会主义伟大事业的接班人，必须延续民族精神。因此，加强民族精神教育是民办高校辅导员的重要责任。

民办高校辅导员要重视对大学生民族精神的培育，在宣传中华民族精神的同时，宣扬和讲解近代以来我国人民为促进民族解放、实现国家昌盛和百姓富有所做出的努力和贡献。

（二）管理育人责任

1. 维护学校的稳定之责

学校的发展、人才的培养必须有一个安全稳定的氛围。可以说，安全稳定是学校一切工作的前提，而民办高校辅导员的重要工作职责之一就是维护学生的稳定。大学生思想活跃且积极主动，正处于世界观、人生观、价值观形成的重要时期，容易受复杂的社会环境和各种思潮的影响。随着国内高校的改革，校园中充斥着各种思想，这需要民办高校辅导员具有维护学校稳定的意识，从而促进学生的发展。

民办高校辅导员应多与学生接触，在了解学生切实需求的同时，密切关注学生的思想动态，对于学生关注的问题、事件能够及时给予疏导和教育。同时，民办高校辅导员应发挥自身的主导作用，利用自身的强大号召力，使大批学生骨干紧密围绕在自己周围，支持自己的决定，并能够及时向自己传递信息，保证舆情能够在第一时间得到处理和解决。另外，民办高校辅导员应时刻关注网络舆情，防止其给学生带来消极影响，从而更好地维护校园的安全稳定。

2. 保障学生安全之责

保障学生安全是民办高校辅导员一切工作的前提，也是民办高校辅导员最基本的工作职责。这就需要民办高校辅导员时刻树立安全意识，从学生踏进校门的第一天起，就应让学生增强安全意识，为学生讲解相关安全知识，丰富他们解决相关安全问题的手段。

另外，民办高校辅导员应建立有效的安全机制，保障学生安全。大学生的金钱意识相对薄弱、安全意识不高，因此，民办高校辅导员应提醒学生注意财产安全，保证自己的银行密码不外泄，保管好自己的物品，保持警惕心理，防止意外发生。

3. 保护学生权益之责

民办高校辅导员作为学生的人生导师、知心朋友，应时刻和学生站在"同一战线"，采取合理的管理方式和方法，切勿伤害学生权益。

民办高校辅导员在管理中要时刻坚持"以学生为本"的理念，坚持公开、公正、公平原则，尤其是在学生成长的关键时期与节点，在保研、入党、评奖学金、资助等方面，要切实按照大学生手册的要求执行，做到有依据、有章法，遵循管理理念与原则，这样才能事半功倍。在管理过程中，民办高校辅导员要了解学生的各种诉求，并及时地与学校、学院沟通解决，保护学生的合法权益，不敷衍，切实让学生信服。如果学生的权益得不到保障，失信于学生，那么既教育不好学生，又容易使师生关系恶化，民办高校辅导员的权威也就不复存在。因此，民办高校辅导员在管理过程中应时刻保障学生的权益，切实发挥管理育人的作用，为学生做好表率。

（三）服务育人责任

民办高校辅导员的责任可以被诠释为尊重学生、理解学生、关心学生。基于这一前提，民办高校辅导员要树立服务意识，依托党团活动，落实管理工作；要用心、用爱走进学生的真实生活，真正了解学生在思想、学习、生活等方面的变化情况，并且从实际情况出发，运用有效对策，展开针对性指导。另外，有些大学生家庭经济困难，对于这类学生，民办高校辅导员应该给予特殊关照。比如，为学生提供勤工俭学的机会，帮助学生走出当前的困境；引导学生构建完善的就业思维，帮助学生找到心仪的工作。

1. 尊重和理解学生之责

尊重是服务的前提。在日常工作中，民办高校辅导员要把握学生的成长规律，找准教育的切入点，使双方建立起平等、民主的关系，从而使学生能够认同并接纳辅导员的观念和想法，在思想上引领学生。民办高校辅导员应时刻谨记自己的工作职责，在工作中树立服务意识，切勿摆架子、打官腔，要理解学生的想法，尊重学生的隐私，采纳他们的建议，将服务工作落到实处，从而顺利地完成对学生的教育工作。

2. 关心学生之责

民办高校辅导员应时刻关心学生。民办高校辅导员要关心学生的学习态度，从学生入学起，就应想方设法激发学生的学习兴趣和学习动力，提升学生的专业归属感，尤其是对于出现学业问题的部分学生，应耐心教育，时刻关注，防止他们出现厌学情绪；对于已经存在思想问题的部分学生，民办高校辅导员要有针对性地做好相关学生的思想工作，以防学生出现偏激的情绪和想法，杜绝不良事件的发生；对于因生活方式变化而出现不适应的部分学生，民办高校辅导员要给予一定的关心和陪伴，指导学生形成健康的价值观。

（四）道德育人责任

教师的职能在我国古代有"经师"和"人师"说法。近代教育家徐特立专门对"经师"与"人师"进行过描述：什么是"经师"，乃我国过去教经书之老师，简单说是教学问的老师；什么是"人师"，是来管学生品质、作风、生活、习惯的，顾名思义就是教导学生怎样做人。在现代高校，一切出发点都是以育人为基点，育人之重点便是育魂，如果细化民办高校辅导员的职能，那么

"人师"的含义可以代表民办高校辅导员的职责，其育魂之重任也更应由具有"人师"之意的民办高校辅导员来担任。

1. 为人师表之责

身教高于言教，这是辅导员在工作中应做到的准则。民办高校辅导员的一言一行会对学生产生深远的影响。民办高校辅导员应提高自身的学识水平、思想觉悟、精神样貌，因为在与学生接触的同时，这些会直接或间接地对他们产生影响。归根结底，民办高校辅导员应具有自我奉献精神，不断要求进步，因为只有这样，才能使自己在学识、为人处世、生活成长等方面得到提高，从根本上帮助和指导学生。民办高校辅导员要通过自己的言谈举止来带动与影响学生，争取成为学生的知心朋友与人生导师，只有这样，其作为"人师"的育魂效果才更好。

2. 培养学生正确的"三观"和"六有"之责

如何帮助学生树立正确的"三观"（世界观、人生观、价值观），是民办高校辅导员育人工作的重中之重。民办高校辅导员应紧抓学生在校期间进行教育，因为此时学生处于"三观"萌芽期，可以从源头帮助学生树立正确的"三观"，引导学生将个人发展与国家前途和国家富强相结合，将个人成才与民族复兴相结合，时刻充满创新、创造之心，与祖国和人民密切联系起来。同时，民办高校辅导员应把"六有"（有理想、有追求、有担当、有作为、有品质、有修养）要求贯彻落实到学生生活学习中去，对于学生的消极心理及言行进行及时的疏导与引导，帮助他们树立自立、自强、自信、自爱和自尊。

3. 传递生命感染力之责

民办高校辅导员的工作基准是以爱为核心，事无巨细、全心全意地开展工作。民办高校辅导员只有充满感染力，才能够活跃群体中的气氛；只有充满感动力，才能够与学生进行心灵对话；只有充满感召力，才能让学生跟随自己倡导的理念与旗帜共同前进。用爱心哺育学生成长，用真情拉近与学生间的距离，用欣赏给予学生肯定的心智，用信任培养每个学生的自尊，使每个学生都能在快乐成长的同时提升自我修养、练就过硬本领。让学生"学会爱，学会被爱"是其未来步入社会、改变社会的基础，也是民办高校辅导员为学生传递生命感染力责任的体现。

第四章　民办高校辅导员职业能力结构体系

第一节　民办高校辅导员职业能力的主要特征

民办高校辅导员是学生思想政治教育活动的组织者和实施者，是学生全面发展的指导者，其职业能力的特征必然与其他教师不同。一些学者对民办高校辅导员职业能力的特征给予了较大的关注，提出了各自的研究见解。有学者认为，民办高校辅导员职业能力具有应用性、整合性、专长性、发展性四大特征，也有学者把"政治强、业务精、纪律严、作风正"确定为民办高校辅导员的职业能力特征。笔者认为，民办高校辅导员职业能力具有鲜明的个性化特点，突出体现为政治性、实践性、教育性和综合性等重要特征。

一、民办高校辅导员职业能力政治性的本质特征

思想政治工作是党的生命线。政治性是民办高校辅导员工作与生俱来的属性，是民办高校辅导员职业能力的本质特征，体现着我国社会意识形态的本质要求，反映着社会主义高校办学方向和高素质人才培养的规格标准。这种政治性既源于党和国家对思想政治工作的期待，也源于思想政治教育的目标与内容。民办高校辅导员的核心职责是思想政治教育，因而思想政治教育能力是民办高校辅导员的核心能力或关键能力。民办高校辅导员能力的本质特征毋庸置疑是政治性。

民办高校辅导员的职业工作目标实质是国家意志对民办高校辅导员职业目标作用的结果。在这种职业目标的引领下，民办高校辅导员在工作中传播中国特色社会主义的政治思想、道德伦理等社会观念，有利于大学生正确认识中国特色社会主义社会，正确认识时代责任和历史使命，正确认识远大抱负，成为德才兼备、全面发展的中国特色社会主义合格建设者和可靠接班人。民办高校辅导员承担着思想理论教育和价值引领、党团和班级建设、学风建设、学生

日常事务管理等工作职责，必须引导学生做社会主义核心价值观的坚定信仰者、积极传播者和模范践行者，引导学生深入学习习近平总书记系列重要讲话精神和治国理政新理念、新思想、新战略，使学生坚定中国特色社会主义道路自信、理论自信、制度自信、文化自信，牢固树立正确的世界观、人生观、价值观。

民办高校辅导员的主要工作任务和内容，无论是以爱国主义、集体主义、社会主义教育为重点的政治教育，还是以世界观、人生观、价值观教育为核心的思想教育，抑或是以增加道德认知、践行道德义务、施加道德影响为内容的道德教育，都带有鲜明的政治性。民办高校辅导员职业能力的形成和发展一刻也离不开思想政治教育的原则要求。

民办高校辅导员职业的政治性决定了民办高校辅导员能力的政治属性。教育部颁布的《普通高等学校辅导员队伍建设规定》中的民办高校辅导员工作职责就具有鲜明的政治性。民办高校辅导员工作职责的政治性决定了其职业行为的政治性、专业素质结构的政治性。民办高校辅导员职业能力的政治性首先表现在坚持马克思主义和共产主义的理想信念，坚持党的宗旨，严明党的纪律，用党章规范自己的一言一行，在任何情况下都要做到政治信仰不变、政治立场不移、政治方向不偏。其次，表现在坚持党的领导，坚持党的基本理论、基本路线、基本纲领、基本经验、基本要求。最后，必须增强政治意识、大局意识、核心意识、看齐意识，自觉同以习近平同志为总书记的党中央在思想上、政治上、行动上保持高度一致，自觉维护党中央的权威。在思想政治教育的实践中，民办高校辅导员只有时刻把握政治性，才能使思想政治教育及其管理工作不偏离党的思想政治教育的根本目标。

民办高校辅导员可以是学生成长的辅导者，也可以在一定范围内和一定的时间节点内充当学生事务管理者，但必须始终以思想政治教育为本职，以思想政治教育为职业性存在，以思想价值的积极引导和正确的政治方向教育为核心的职能，促进学生健康成长、全面发展。

二、民办高校辅导员职业能力实践性的职业特征

实践性是民办高校辅导员职业能力的职业特征，主要体现为基层性和操作性。一是基层性。民办高校辅导员工作在思想政治教育的第一线，与学生联系最为紧密。二是操作性。民办高校辅导员属于实践工作者，丰富、具体、真实的教育情境既是民办高校辅导员展示教育技能、技巧的工作舞台，也是他们自身成长的沃土。

民办高校辅导员能力的实践性还表现为他们具有足够的影响学生的人格力量。思想政治教育是由人创造并参与的特殊社会实践活动，人际交流产生的亲和力、党团学组织活动产生的凝聚力和向心力、教师的人格魅力等都蕴含着浓厚的实践色彩。就民办高校辅导员的人格魅力而言，其一言一行、一举一动都会潜移默化地影响学生。民办高校辅导员的气质、胸怀、学识、教养、追求等都是育人实践过程中不可或缺的因素。

三、民办高校辅导员职业能力教育性的基本特征

高校思想政治教育的根本目的是提高学生的政治思想素养和道德素养，促进学生的全面发展。思想政治教育的根本任务是培养"四有"新人，培养社会主义现代化事业的合格建设者和可靠接班人，体现育人的本质。民办高校辅导员职业能力的教育性是民办高校辅导员职业能力的基本特征，彰显和维系着民办高校辅导员的职业功能。

依据教育部颁布的《普通高等学校辅导员队伍建设规定》，民办高校辅导员必须恪守爱国守法、敬业爱生、育人为本、终身学习、为人师表的职业守则，必须不断提高学生的思想水平、政治觉悟、道德品质、文化素养，必须教育、引导学生做到四个"正确认识"，即正确认识世界和中国发展大势，正确认识中国特色和国际比较，正确认识时代责任和历史使命，正确认识远大抱负和脚踏实地。其中，正确认识世界和中国发展大势是民办高校辅导员提升职业能力和生成实践智慧的主要根源。民办高校辅导员在与学生交往交流的过程中，逐渐积累了丰富的、鲜活的教育经验，增长了实践知识与实践能力，积淀了实践领悟，其职业能力的教育性特征必将在实践过程中得以体现。

民办高校辅导员是教师队伍的重要组成部分，他们无论是进行思想政治教育，还是实施教育管理，实质都是教书育人，是在培育学生的健康人格，促进学生的全面发展。民办高校辅导员职业能力的强弱实际上必然与促进学生发展的功效大小成正比。在一定意义上，民办高校辅导员职业能力就是教育智慧的代名词。民办高校辅导员凭借言传身教，千方百计地推动和引领学生全面发展，其实体现出的就是民办高校辅导员的爱心、耐心和对党的教育事业的无限忠诚。民办高校辅导员能够真正成为学生全面发展的引领者和人生导师，凭借的就是高超的思想政治教育素养和教育能力。

民办高校辅导员作为教育者，就是要热爱学生、理解学生、教育学生、帮助学生，要知道一切艰苦的努力和辛勤劳作都是为了学生的发展。民办高校辅导员面对学生的思想观念、政治观点、道德品质的形成、变化和发展，面对不

断变化的教育情境，没有一成不变的教育方法，也不存在一劳永逸式的价值领悟，只有敢于并勇于克服各种教育困难和教育障碍的决心。他们不断地学习、探索，不断地实现自我更新与自我完善，自觉地在"育人"中"育己"，从而紧扣"育人"工作的时代脉搏，跟上教育发展的步伐。

四、民办高校辅导员职业能力综合性的岗位特征

思想政治教育是一门以马克思主义理论为基础，综合性和实践性都比较强的学科。思想政治教育的学科属性和民办高校辅导员的岗位职责决定了民办高校辅导员职业能力具有很强的综合性。

民办高校辅导员能力的综合性表现在以下三方面。一是由民办高校辅导员工作任务的艰巨性和复杂性所决定。民办高校辅导员从事的学生思想政治教育的内涵极为丰富，涉及面极广，包括政治教育、思想价值引领、道德行为指导、精神文化生活等方面。学生成长与发展的诸多需求都与民办高校辅导员的职业行为息息相关，单一的素养和能力很难适应工作的需要。二是在工作运行层面，民办高校辅导员要综合运用思想政治教育能力、组织管理协调能力、语言表达能力、科研与创新能力等。作为一种社会实践活动，学生思想政治教育涉及学校生活的各个领域，涉及学校各相关部门的协调配合。民办高校辅导员要掌握工作的主动权，高效率地完成本职工作，必须注重职业素养的综合性积累，必须具备宽口径的知识储备，不断强化职业能力的综合性。三是从解决问题角度看，思想政治教育工作的对象是人，必须从多角度、多侧面对人的思想和行为以及各种思想政治问题进行"立体"的综合分析。

第二节　民办高校辅导员职业能力体系的认知依据

研究民办高校辅导员职业能力结构是研究职业能力不能忽视的问题，需要依据相关文件精神。2014 年，教育部印发了《能力标准》，从职业功能、工作内容、能力要求、相关理论和知识要求等方面构建了高校辅导员队伍能力标准体系。《能力标准》依据高校辅导员工作的现实状况，勾勒了高校辅导员队伍整体的专业素养要求、知识与能力的具体内涵，展现了高校辅导员工作的基本范围和可能达到的边界，是国家对合格高校辅导员专业素质的基本要求，是引领高校辅导员专业化、职业化发展的基本准则。《能力标准》中所提出的思想政治教育、党团和班级建设、学业指导、日常事务管理、心理健康教

育与咨询、网络思想政治教育、危机事件应对、职业规划与就业指导、理论和实践研究九个方面的功能成为学界研究民办高校辅导员职业能力的基本依据。自 2014 年《能力标准》实施以来，民办高校辅导员职业的社会认同不断增强，民办高校辅导员主动提升职业能力和专业素养也有了路径和方向。

但是对民办高校辅导员职业能力提升的研究仍不全面，存在一些不足，主要有以下几方面：一是对民办高校辅导员职业能力研究的学科视角多样，尚未达成共识；二是对民办高校辅导员职业能力的要素分析呈静态化、扁平化特点，尚未建构要素之间的有机联系；三是研究成果的实践转化不足，难以形成有效的行动计划。

现实地说，高校思想政治教育内涵的丰富性与实践操作层面的复杂性、学校相关职能部门在学生思想政治教育工作中的详细分工和职责的明晰程度以及民办高校辅导员工作的准确定位是制约和影响民办高校辅导员职业能力结构的关键因素。国家实施的民办高校辅导员专业化培训，无论从培训内容还是对参加者的要求上看，都显示了一种明显的思想政治教育的专业倾向，都在努力提升民办高校辅导员职业能力和完善其职业能力结构。

从实践角度看，全国高校辅导员素质能力大赛无疑是提高民办高校辅导员职业能力的重要举措。民办高校辅导员职业能力大赛的实践明确地展示了民办高校辅导员的专业发展方向，为学界研究民办高校辅导员职业能力及其结构提供了很多新的启示。截至 2021 年，全国高校辅导员素质能力大赛已举办八届，大赛的基本内容主要包括基础知识测试和网文写作、主题班会（2018 年无此项）、案例分析、理论宣讲、谈心谈话六项内容，旨在考察高校辅导员的知识积累、专业素养和职业能力。大赛展示了高校辅导员的专业素养和职业能力，体现和训练了参与者的思想价值引导能力、人际交流与沟通能力、书面语言和口头语言的表达能力等，反映了高校辅导员日常工作项目条理化、专业知识技能模块化、职业情意素养主体化的职业能力和素养提高的基本趋向。通过以赛代训、以问题为导向、以科研为抓手、以学习为基础、以表演为平台，高校辅导员的专业水准和工作成效得到大幅度提高，实现了高校辅导员职业能力培养的良性循环。当然，大赛主要是一种特定情境下的表演活动，有些项目，如谈心谈话、主题班会，并非是真实情景中的思想碰撞，其情境创设和效果主要是设计者基于经验或规律的主观预设。思想问题的真实解决不仅取决于教育者的专业能力与专业素养，还取决于受教育者的思想品德素养、认知方式与行为模式。因为受教育者不同的生活境遇和人生经历造成了其不同的价值追求、思维模式和行为习惯，所以实际思想教育工作的方式与成效千差万别。

职业能力是一个比较成熟的概念，但民办高校辅导员职业能力的内涵还是一个需要不断探索并谋求共识的课题。2017 年，教育部第 43 号令《普通高等学校辅导员队伍建设规定》对高校辅导员的职业道德、专业素养和职业能力重新进行了界定，对高校辅导员应具备的职业素质和职业能力进行了更为具体的概括。该文件在第三章"配备与选聘"第七条中明确提出了高校辅导员的五项基本条件。许多学者都注意到基本条件的第四项，即"具备较强的组织管理能力和语言、文字表达能力，以及教育引导能力、调查研究能力，具备开展思想理论教育和价值引领工作的能力"。有学者把这些当作民办高校辅导员职业能力的主要内容。

但一些学者并未注意到以下问题：一是这些具体的能力要求属于基本的专业能力要求；二是五项基本条件是写在"配备与选聘"的项目之下的，是高校辅导员应当符合的基本条件，但并不是民办高校辅导员职业能力的考核标准；三是五项基本条件包括政治素质、职业精神、知识范围、专业能力和个性品质的要求，其中的"政治敏锐性和政治辨别力"等内容明显是对政治素养和思想政治教育能力的特殊要求。仅仅把组织管理能力，语言、文字表达能力，教育引导能力，调查研究能力这四项能力当作民办高校辅导员职业能力的主要要求，可被认为是对文件精神理解上的偏差。

教育部颁布的《普通高等学校辅导员队伍建设规定》对高校辅导员提出了明确的工作要求，规定了其主要工作职责。就其具体工作内容来说，涉及九项职业能力，主要包括思想理论教育和价值引领能力、党团和班级建设能力、学风建设能力、学生日常事务管理能力、心理健康教育与咨询工作能力、网络思想政治教育能力、校园危机事件应对能力、职业规划与就业创业指导能力、理论和实践研究能力。

比较上述两个文件，我们不难发现，它们在对高校辅导员能力的内涵要求上有新的变化。例如，《能力标准》中的"学业指导"项目在《普通高等学校辅导员队伍建设规定》中被改为"班风建设"项目，表现出民办高校辅导员日常思想政治教育工作内涵与职业能力要求范围的微妙变化，为深入研究和探讨民办高校辅导员职业能力结构提供了新的政策和理论依据。

第三节　民办高校辅导员职业能力体系的支撑要素

民办高校辅导员职业能力是民办高校辅导员专业素养的综合体现，是民办高校辅导员集知识、技能、情感、态度、价值观于一体，完成岗位职责，实现职业使命的行为模式。由于思想政治教育内涵的丰富性、民办高校辅导员职业岗位工作的现实复杂性，学界对民办高校辅导员职业能力的基本要素研究尚未达成共识。笔者认为，民办高校辅导员的职业能力体系的支撑要素包括情意要素（师德）、知识要素和技能要素。

一、民办高校辅导员职业能力的情意要素

民办高校辅导员职业能力的情意要素是包括职业态度、职业道德、职业情感和职业信念等要素在内的民办高校辅导员精神动力和道德行为模式的集合，既是民办高校辅导员专业素养的核心要素，也是影响和制约民办高校辅导员职业能力发展的关键因素。2014 年 9 月 9 日，习近平总书记在同北京师范大学师生代表座谈时说："教师重要，就在于教师的工作是塑造灵魂、塑造生命、塑造人的工作。"习近平总书记对"好教师"提出了四条标准，那就是要"有理想信念""有道德情操""有扎实知识""有仁爱之心"。

习近平总书记用"四有"标准定义了"好教师"，其中"有理想信念""有道德情操""有扎实学识""有仁爱之心"都是对师德的明确要求。习近平总书记指出："广大教师要做学生锤炼品格的引路人，做学生学习知识的引路人，做学生创新思维的引路人，做学生奉献祖国的引路人。"

"好教师"的"四有"标准和"四个引路人"为我们研究民办高校辅导员的情意要素提供了行动指南。

二、民办高校辅导员职业能力的知识要素

民办高校辅导员专业化发展是民办高校辅导员队伍建设的趋势。民办高校辅导员职业能力的知识要素是民办高校辅导员专业化进程中的核心要素。因此，有学者认为，推进民办高校辅导员专业化，首先需要一套较完整的专业知识和技能体系作为专业人员从业的依据。

（一）民办高校辅导员的知识依据

现代社会是知识社会，知识成为社会发展与个体发展的关键资源。随着社会分工的细化、社会知识系统的优化、社会生产方式的更新，民办高校辅导员的专业化、职业化得到加强。教师群体就是一个业缘群体，是以教育职业活动为生存、发展方式和联结纽带的一种人类聚合体，即由从事教学工作和教育教学管理活动的人所组成的群体。它是人类教育需要与能力不断积累、分化，教育活动的专业化程度日益提高的产物。民办高校辅导员是教师群体中的成员，是教师队伍中肩负思想政治教育使命的"特殊军团"，其专业领域是教育（民办高校辅导员职业活动），是思想政治教育活动，不以传授某一学科领域的知识和技能为终极目的。随着我国高等教育改革的推进、新时代教育环境的不断变化、高校教育对象的发展需求越来越高，民办高校辅导员的工作任务越来越艰巨，社会对民办高校辅导员职业能力的要求也越来越高。民办高校辅导员必须不断地学习，掌握博大精深的知识和精湛的专业技艺，真正成为培养德才兼备的高素质人才的专业人员。

（二）民办高校辅导员的知识类型

研究现代知识论的学者认为，根据知识的存在形态，知识可分为理论知识和实践性知识。英国物理化学家和思想家波兰尼区分了两种不同形式的知识：缄默知识与显性知识。

缄默知识是人类知识总体中那些无法言传或不清楚的知识。如果把人类知识比作一座冰山，显性的知识不过是暴露的冰山一角，掩隐在一角之下的则是大量复杂的、不可言传的缄默知识。叶澜教授认为，教师的专业知识包括三个层面，具有复合性的特征。第一个层面是具有比较宽广的科学和人文素养，以及当代重要的工具性的知识与技能；第二层面是掌握 1～2 门学科专业知识和技能；第三层面是认识教育对象、开展教育活动和研究所需的教育学科知识和技能，如教育原理、心理学。靳玉军认同申继亮关于教师的知识（包括本体性知识、条件性知识和实践性知识）的观点。他认为本体性知识是民办高校辅导员活动的实体部分，条件性知识对本体性知识的传授发挥着理论支撑作用，实践知识是民办高校辅导员对本体性知识和条件性知识的深化。在新时代背景下，中国特色社会主义理论统帅育人工作，民办高校辅导员要承担起自己的责任，把培养社会主义事业合格建设者和可靠接班人时时放在心上。

三、民办高校辅导员职业能力的技能要素

民办高校辅导员的职业技能是民办高校辅导员运用专业知识解决工作中的问题、实现其工作目标的基本能力。民办高校辅导员的工作职责要求他们必须

具备应有的技能素养。具体来说，民办高校辅导员要具备专业技能和拓展技能。

一是核心意义的专业技能。民办高校辅导员的主要职责是对学生进行思想政治教育，因而其核心层面的技能是较强的思想政治教育技能，它包括政治方向的引导力、思想价值的引领力、道德品行的培育力等。

二是转化意义的拓展技能。民办高校辅导员在实际工作中要敢于打破常规，拓展思路，创新性地开展工作。这既取决于其较高的思想素质，也取决于其良好的创新创造品质。民办高校辅导员在工作上不断地推陈出新，需要以良好的研究能力为根基。民办高校辅导员之所以能承担起艰巨的工作任务，经得起各种工作任务的挑战和考验，是因为他们具有极强的自我学习意识和知识迁移能力。民办高校辅导员只有依托这种较强的知识迁移、整合、运用能力，才能在工作实践中举重若轻、举一反三，不断提高工作成效，从而开创良好的职业发展前景。

除上述之外，民办高校辅导员还应具备口头和书面语言表达技能、利用网络技术手段实施思想教育的技能等。

第四节 民办高校辅导员职业能力体系的多维建构

2014年，在教育部发布《能力标准》后，学界对民办高校辅导员能力的范围、要求有了新的认识。其中，很多分析民办高校辅导员能力的文章都论及民办高校辅导员的九种能力，依次为思想政治教育、党团组织和班级建设、学业指导、日常事务管理、心理健康教育、网络思想政治教育、危机事件应对、职业规划与就业指导、理论和实践研究。在这九项能力中，除不常见的危机事件（办学层次低的高校会出现打架斗殴）、理论和实践研究两项无太多实际内容外，其余几项几乎涵盖了学生工作的方方面面。

2017年，教育部颁布的《普通高等学校辅导员队伍建设规定》对高校辅导员职业能力的内容范围做了新的规定。例如，将"学业指导"改成"学风建设"，将"思想政治教育"改成"思想理论教育和价值引领"，不应由高校辅导员做的学生事务有所减少。如果按照通用能力和特定能力划分能力类型，则九项能力均为特定能力。较强的组织管理能力、语言文字表达能力、教育引导能力、调查研究能力四项能力则属于对民办高校辅导员职业能力的基本要求，即民办高校辅导员进行思想理论教育和价值引领所应具备的职业基础能力。

民办高校辅导员职业基础能力与职业核心能力、职业拓展能力存在复杂的逻辑关系。

第一，包容关系。核心能力居于中心或核心地位，拓展能力、基础能力以核心能力的不同基础底蕴而存在，如图 4-1 所示。

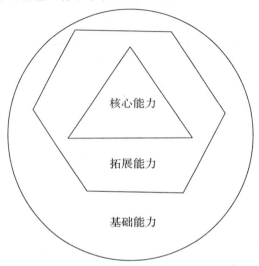

图 4-1　民办高校辅导员能力结构要素的包容形态图

第二，交叉关系。三种能力形态交叉融合，并各有边界，如图 4-2 所示。

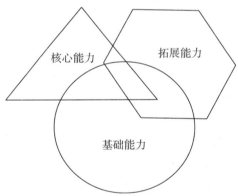

图 4-2　民办高校辅导员能力结构要素的交叉形态图

第三，递进关系。三种能力形态呈递进关系，前者是后者的前提，后者在前者的基础上生成，如图 4-3 所示。

图4-3　民办高校辅导员能力结构要素的递进形态图

实际上，三种能力是对立统一的关系，它们因内涵指向不同而以单独的形式出现，但又存在于一个统一体中，以整体功能发挥为主要行为模式。

一、民办高校辅导员职业能力建设的构成要素

在新时代背景下，民办高校辅导员职业能力建设应该顺应时代的发展和社会形势变化的需要，在原有基础上，进一步强调和突出民办高校辅导员队伍建设和能力提升；应在把握大学生思想政治教育的时代规律和深层次内涵的同时，准确对照岗位对民办高校辅导员的标准和定位，提升民办高校辅导员个人素质，使其与工作实践的匹配度更高。民办高校辅导员作为高等学校里专门从事学生思想政治教育工作的专业人员，要具备过硬的政治素质、管理能力等，但是其职业能力要素并不是一成不变的。随着高等教育普及化、学生需求个性化、社会环境多变化、学生思想多元化等一系列变化因素的出现，高校辅导员职业能力建设面临新的挑战。

（一）民办高校辅导员职业能力的内容建设

根据《能力标准》《普通高等学校辅导员队伍建设规定》，民办高校辅导员职责包括以下几方面："思想政治教育与价值引领""党政班级建设""心理健康教育与咨询""网络思想政治教育""危机事件应对""职业规划与就业创业指导""学业指导与学风建设""日常事务管理""理论和实践研究"。民办高校辅导员职业内容按职业功能，可分为教育、管理、服务、研究四个方面。

据此，笔者认为民办高校辅导员应具备以下三方面的专业能力。

第一，思想政治教育工作的能力。思想引领、价值形成的培养是民办高校辅导员职业的首要能力。这就要求民办高校辅导员要能够准确把握学生的思想动态，具备运用开展思想政治教育的载体、方法和技能，掌握了解学生问题的渠道和总结问题的能力，会使用有效的教育方法、活动载体、训练平台和交流方式，针对性地提升学生的综合素质，促进学生健康成长。

第二，日常事务管理能力。帮助学生维持正常的学习生活秩序是民办高校辅导员的显性职责，也是容易量化的内容。日常事务管理能力是民办高校辅导

员的基本能力，也是推进民办高校辅导员职业化、专业化发展的关键。因此，民办高校辅导员应具备较强的日常事务管理能力。

第三，危机事件的应对能力。民办高校辅导员在很大程度上担负着维护学校安全稳定的重要职责，是在危机事件发生时"招之即来，来之即战，战之必胜"的"消防员""安全员"。因此，危机事件的应对能力是体现民办高校辅导员岗位不可或缺性的一项能力。高校是人员聚集区，往往会发生各种各样的突发状况，民办高校辅导员要第一时间做好现场统筹指挥工作，有效控制事态发展，掌握现场情况，及时向学校领导汇报突发事件的进展，并妥善保护好学生，保障学生安全。事后，民办高校辅导员还需要进行集体和个体的心理疏导，消除可能产生的负面影响，解决后续会面临的各方面问题。

（二）民办高校辅导员职业能力的层级关系

尽管民办高校辅导员职业化发展道路的选择性较多，但从实际情况看，他们的工作大多面临着多头管理，即"上面千条线，下面一根针"的状态。以新入职的民办高校辅导员为突出代表，他们常常需要在烦琐的学生事务中投入大部分的精力，往往忽略了对个人职业发展的规划。那么，如何有效完善民办高校辅导员职业发展体系呢？笔者认为可以从以下几个方面着手。一是厘清民办高校辅导员这一角色的工作内容和重点，有的放矢，为民办高校辅导员搭建职业化、专业化的职业发展平台，为其制订职业发展规划铺好道路。二是从高校的管理机制出发，为民办高校辅导员降低常规事务性工作的难度。他们的工作重心应该是学生的思想政治工作，而不是把所有与学生相关的工作都压在民办高校辅导员肩上。三是高校行政管理体制应进一步完善和优化。民办高校辅导员在高校过高的门槛和一系列过于量化的评价体系面前望"职"兴叹。因此，要从制度角度激发民办高校辅导员自身发展的原动力，否则会导致民办高校辅导员队伍产生职业倦怠感、职业困惑，这不利于高校组织管理水平的提升，更不利于高校人才培养质量的提升。

《能力标准》将高校辅导员的能力发展阶段分为初级、中级和高级三个层级，明确了高校辅导员能力标准的水平体系，以层级化的形式为高校辅导员的能力建设明确了方向。其中，民办高校辅导员职业能力的内容建设包括教育能力、管理能力、指导能力、服务能力、沟通能力、学习能力、科研能力、创新能力。这八大类可被概括为三大模式层级：基础层、发展层及专家层。这是一种"一核三层"的映射式层级模型，如图4-4所示。

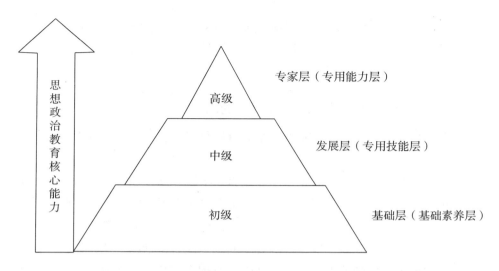

图 4-4　民办高校辅导员职业能力"一核三层"映射式层级模型

位于基础层的民办高校辅导员必须具备学习能力、服务能力及沟通能力；位于发展层的民办高校辅导员必须具备教育能力、指导能力及学习能力；位于专家层的民办高校辅导员要具备一定的科研能力及创新能力。

（三）民办高校辅导员职业能力的系统特征

职业能力指的是一个人能否胜任所从事职业的综合能力，是决定一个人在其岗位上能否发挥个人能力、实现职业抱负的重要因素。民办高校辅导员职业能力一般具有以下三个特点。

一是导向性。民办高校辅导员不仅要在理论层面将正确的思想意识、政治观点和道德规范传授给学生，还要教育和引导学生在分析、选择、对比、总结中将理论知识吸收内化。民办高校辅导员岗位设置初衷非常明确，因此，其职业能力建设的导向性也非常明显。我们可以从其定义清楚地认识到，民办高校辅导员要坚持"干一行，爱一行"的理念，从民办高校辅导员岗位设置初衷出发，确定个人职业能力建设的方向。

二是实践性。民办高校辅导员不仅要关注学生的实际生活和学习，更重要的是要帮助和引导学生解决生活中的具体问题，这涵盖成人、成才、择业、交友等多个方面。纸上谈兵式的民办高校辅导员职业能力建设是绝对要被淘汰的。民办高校辅导员一职是实践性极强的岗位，因此，民办高校辅导员具备较强的实践能力，以便更好地开展相关工作。

三是时效性。民办高校辅导员职业能力应具有时效性，满足学生的现实需求。随着经济的改革和社会的迅速发展，作为社会主义接班人的培育者，民办高校辅导员要与时俱进，积极学习新思想、新知识，勇于站在时代的前沿，不断更新自身能力与知识，成长为职业型、专业型、专家型民办高校辅导员，实现个人的理想抱负和职业的可持续发展。

二、民办高校辅导员职业基础能力的内容

民办高校辅导员基础职业能力究竟应包括哪些内容，目前学界并无统一的认识。

刘海春认为，民办高校辅导员职业能力是指民办高校辅导员应当具备的能促使其思想、业务及人格不断趋于完善、不断有所发展的能力。它主要包括组织管理能力、人际交往能力、学习能力、科研能力、创新能力等。

周家伦认为，民办高校辅导员应具备的基本能力包括以下几方面：一是有效开展思想政治教育的能力；二是开展学生心理咨询活动的能力；三是对学生学习方法进行个案分析指导的能力；四是就业指导能力和职业道德教育能力。

从覆盖的宽广面来看，许多研究者将基本能力的边界延伸到心理健康教育、心理咨询、就业指导以及学生事务管理领域。

（一）掌握思想政治教育基本知识、基本技能的能力

民办高校辅导员应掌握开展思想政治教育的基本工作方法和技能，包括主题教育、个别谈心、党团活动、社会实践活动等思想政治教育的基本方法。这些是民办高校辅导员开展思想政治教育必须具备的基本能力。

（二）心理健康教育能力

它是民办高校辅导员的职业基本能力。随着现代化的工作和生活节奏加快，现代社会的生活和精神压力加大，心理健康和咨询工作变得愈发重要。耶鲁大学前校长施密特说："我们千万不能忘记名牌大学的教育不是为了求职，而是为了生活。"

民办高校辅导员对学生心理健康方面具有重要影响，这就要求辅导员必须具备极强的心理健康教育能力，不断采取多种有效手段开展心理健康教育，促进学生心理健康，实现学生的全面发展。

（三）组织管理能力

组织管理能力是民办高校辅导员职业能力的重要构成要素之一。民办高校辅导员从事的思想政治教育和管理工作是一种社会性的教育活动，既要具备从宏观上进行决策和调控的能力，又要具备从微观上进行指挥和引导的能力。因此，其管理组织能力既属于职业基本能力，也是其职业核心能力的重要组成部分。教育部颁布的《普通高等学校辅导员队伍建设规定》对高校辅导员的日常

事务管理提出了明确要求，其中包括入学教育、毕业生教育、学生军事训练、奖学金、助学金评选、助学贷款、勤工俭学、困难帮扶、生活指导等具体内容，有利于我们深入理解高校辅导员组织管理能力的具体内涵，建立新的高校辅导员常规工作的运行体系。

（四）人际交往能力

民办高校辅导员的工作对象是人，因此，他们必须具备较强的人际交往能力。民办高校辅导员除了要与学生沟通交流，做好学生的心理咨询工作，还要关注学生的政治生活、政治素养发展（涉及党团组织），学生的专业学习（涉及专任教师），学生的社会实践（涉及社会组织）等，并与各种机构、工作群体进行沟通交流。这些都要求民办高校辅导员具备较强的人际交往能力。那么，人际交往能力到底应包括哪些方面呢？笔者认为，民办高校辅导员人际交往能力包括妥善处理组织内外关系的能力，与人和谐共处的能力，与组织或个人协调沟通解决问题的能力。良好的人际关系是民办高校辅导员在育人的氛围中主动适应环境、创造工作条件、完成工作任务、实现职业价值的需要。

（五）信息技术运用能力

信息化社会推进了思想政治教育观念和方法的改变。如今，大数据、智能化、多媒体、自媒体、微博、微信等早已融入人们的生活，要想及时地与学生沟通交流，开展网络教育、网络沟通等，民办高校辅导员必须具备较强的信息技术运用能力。这样，他们在工作中才能更加得心应手。

三、民办高校辅导员职业核心能力的指向

近年来，职业核心能力的研究引起了学界的重视，很多学者分析阐述了民办高校辅导员的职业核心能力，但多是《能力标准》中涉及的高校辅导员众多职业能力的重新洗牌与组装。值得注意的是，已有学者在尝试开辟民办高校辅导员核心能力的研究新路径。

李永山认为，民办高校辅导员职业核心能力具有职业性、专业性以及可观察、可衡量和可培养的特性。民办高校辅导员应具有九项核心能力，分别是思想教育与政治引导能力，教育活动的设计、实施与指导能力，学生学习与发展的深度辅导能力，法律、政策和制度的宣传、解释和贯彻执行的能力，危机事件的预防、识别与应对处理能力，人际沟通、交流和说服的能力，组织、管理和领导的能力，教育教学与科学研究的能力，遵守职业伦理规范的能力。

何萌针对能力研究中将一般能力泛化为核心能力的弊端，分析总结了核心能力的概念，认为民办高校辅导员要具备扎实的业务功底，拥有丰富的知识储

备，并且善于灵活运用知识。

核心能力"是居于核心主导地位的、综合性的深度能力""是从事民办高校辅导员职业不可或缺且不可替代的特殊专业能力""核心能力和一般能力是个性与共性的有机统一"。民办高校辅导员核心能力包含思想政治教育能力、学生发展指导能力两大方面。把核心能力按层依次细分，可分为三个层级。第一层级为两个一级能力，每个一级层级包括四个二级子能力，共计八个子能力构成核心能力的第二层级。二级子能力下又包含24项三级子能力，构成了能力等级的第三层级。

苏文明认为，民办高校辅导员职业核心能力包括专业能力、专业素养及自我发展能力等。

朱慧认为，从民办高校辅导员职业核心能力的现有成果看，核心能力和一般能力的界限模糊，民办高校辅导员职业培训目标不明晰，职业核心能力的培育难以找到着力点。她认为，民办高校辅导员工作的核心能力包括思想政治教育能力、实际问题解决能力、信服力三个部分。

笔者认为，民办高校辅导员核心能力要求辅导员职业性向满足辅导员职业要求，决定了辅导员职业性向要求的方式。辅导员职业性向反作用于辅导员核心能力，当二者相适应时，前者促进后者的提升，反之，前者抑制后者的发展。

在国家高度重视民办高校辅导员在思想政治教育工作中的地位的背景下，研究民办高校辅导员职业核心能力具有极为重要的意义。

第五章　民办高校辅导员队伍建设与管理

民办高校辅导员对学生的教育管理工作要求越来越严格。在这种情况下，民办高校辅导员要与时俱进，不断丰富相关理论知识，强化自身知识储备，积累学习和创新钻研，多读与其工作相关的书籍或资料，提高自身的理论知识素养，更好地应对繁杂的工作任务。

第一节　民办高校辅导员队伍建设

一、完善民办高校辅导员准入机制

（一）明确民办高校辅导员身份定位

民办高校作为高等教育的重要组成部分，与公办高校有着同等重要的社会地位。要想使民办高校辅导员队伍更加专业化，就要根据民办高校的特殊性，完善民办高校辅导员准入机制，明确民办高校辅导员身份的具体定位。从学历角度看，民办高校辅导员应当有相对较高的学历。大多数民办高校辅导员应有硕士学历；从工作经验角度看，民办高校辅导员应有一定的工作经验，直接接触毕业班级的民办高校辅导员应有更多的关于就业创业的知识和经验，以保证在日后教学过程中，可以在第一时间解决有关学习创业和就业的相关问题；从思想素质角度看，民办高校辅导员作为大学生思想政治工作的重要参与力量，在学生德育教育过程中起着不容小觑的作用。因此，要想实现民办高校辅导员专业化建设，就应将民办高校辅导员身份定位分为科学文化素养与思想道德素养的综合定位。

（二）提高民办高校辅导员选聘标准

为了更好地契合民办高校辅导员专业化建设的相关要求，民办高校辅导员选聘标准应当在原有层次上有所提升。首先，从学历角度来看，民办高校辅导员应当以硕士学历为主，对于工作经验丰富者可以适当放宽。其次，从工作经验角度来看，民办高校辅导员队伍应当提升对工作经验的要求。最后，从思想素质角度来看，民办高校辅导员队伍构成应当是德、智、体、美、劳全面发展的综合性人才。

（三）加强民办高校辅导员教学与科研工作

为了进一步提升民办高校辅导员专业化素质，可以适当推进其教学与科研工作，保证他们在处理学生事务之余，能有更多的时间去丰富个人素养。

从教学工作角度看，民办高校可以将辅导员的思想政治教育学纳入常规工作，让思想政治教育同其他课程一样成为大学生课程的一部分。在具体推进辅导员教学工作过程中，思想政治教育学的课程安排应当适量、适度，不能在短时间内进行大幅度教授，也不能过度追求循序渐进而忽视了思想素质教学的重要性和必要性；而从科研工作角度看，辅导员等同于其他教师，也应当参与一定的科研工作。因此，当民办高校举办相应的科研活动时，辅导员应该对科研工作予以高度的关注和重视。辅导员掌握科研活动指导的相关问题后，可以自己尝试展开相关的科研活动，实现稳定化和规范化的科研互动。总之，无论是教学工作还是科研工作，民办高校辅导员都应以高度的积极性和责任心投入其中，并在自身能力相对匮乏的时候，通过集中培训的方式进行学习，避免出现由于自身基本素质不足无法参与到教学或科研中的情况。

（四）健全多重领导体制

要想真正实现民办高校辅导员专业化建设，就应当从领导体制着手，健全多重领导体制，保证民办高校辅导员和专业任课教师可以得到双重管制。通常情况下，民办高校辅导员队伍专业化建设应当保证常规领导和特殊领导两个部分。其中，常规领导主要是指校长、院长等校院级领导。这些领导在日常管制过程中应对民办高校辅导员起管理和约束作用，对于民办高校辅导员日常行为规范中不符合教师准则的内容，校院级领导应当在第一时间做出指正。尤其是当民办高校辅导员在处理学生事务或其他相关事务的过程中使用了不公正的处理方式时，校院级领导需要根据规章制度对高校辅导员做出管制处理，而对于非常规领导，则可以通过特别督查小组的方式，加大对民办高校辅导员的实时管制。倘若督查小组在日常检查过程中发现民办高校辅导员存在违法违纪行为，须在第一时间指出。

二、加强民办高校辅导员培训机制

（一）民办高校辅导员培训应坚持常规化

民办高校辅导员培训作为常规任务，得到了校级领导和民办高校辅导员双方的关注和重视。民办高校辅导员专业化培训的常规化主要体现在场所常规化、时间常规化以及内容常规化三个方面。对于场所的选择，民办高校辅导员培训的相关人员可以根据学校发展的实际需求，选定合适的礼堂或报告厅进行集中培训。[①]应当尽可能选择多媒体设备齐全、整体环境良好的场所进行常规培训，并选定该场所为固定场所。时间常规化是指民办高校辅导员培训课程的开展不能过度松散，更不能随机培训，应付了事，而应当采取固定的时间模式，实现民办高校辅导员培训的思维定式。内容常规化是指民办高校在强化民办高校辅导员专业化培训时，不能根据培训师的临时起意选定相应的培训课题，而应当采取循序渐进的方式，对民办高校辅导员的日常工作做出协调管理。其中，初步培训阶段，培训的重点应放在对学生事务的日常管理上；而在培训一定周期后，重点就应该从原来的学生层面上升到教师层面，实现他人教育与自身教育的整合提升。总之，无论是场所常规化、时间常规化还是内容常规化，应当在加强民办高校辅导员培训机制过程中将三者予以有效整合，以真正实现民办高校辅导员培训的标准化、规范化和合理化。

（二）建立民办高校辅导员培训基地

为了更好地推进优质民办高校辅导员的综合培养，各级院校应当共同筹措资金以强化民办高校辅导员培训基地的整体建设。一方面，民办高校辅导员培训基地可以设定在各级院校校内或学校附近的位置，具有距离优势的基地建设更加符合日常培训的客观需求，能在很大程度上满足教学与学习的整合需要。出于系统性和规范性的要求，民办高校辅导员培训基地的建设应当以精细化为主，不能过度追求场地的扩大。另一方面，民办高校辅导员培训基地建设可以设置在几个学校的中心区域。不同院校之间可以达成相互合作的共赢关系，在几个学校的中心区域联合建立民办高校辅导员培训基地以供指导。在选定民办高校辅导员培训基地时，不同学校需要根据自身院校的分布做出目标位置定位，并通过重心法、目标选址法等诸多方式实现良好的位置选择，为后期的民办高校辅导员培训基地建设打下基础；在位置选定后，各自院校需要根据自身

[①]　曾秋菊.民办高校辅导员队伍状况的调查与分析——基于郑州市四所民办高校的问卷调查[J].学校党建与思想教育，2011（13）：92.

的培训需求确定培训基地的规模和大小，并设定专门的培训制度，从而强化民办高校辅导员培训基地的有序应用。

三、完善民办高校辅导员考评机制

（一）确定考核内容

为了更好地推进民办高校辅导员专业队伍建设，应当完善民办高校辅导员考评机制，确定具体的考评项目和考核内容。在当前的民办高校辅导员培训项目中，培训考核内容主要包括出勤率、参与度和满意度三个部分。其中，出勤率是针对民办高校辅导员出席培训项目的频率而定的，在后期完善民办高校辅导员考评机制时，需要明确指出出勤率的考核标准，将其定为出勤次数、出勤时长及出勤持续率。一般来说，三大要素中缺少一种，考核内容都不算是完整的。区别于出勤率，参与率是针对民办高校辅导员课上表现而言的。通常情况下，民办高校辅导员在参与相应的专业培训时，往往会在课上进行组间讨论或于课后进行小组合作作业，参与率主要是考查不同教师在小组合作过程中的参与度。一般来说，参与度较低的民办高校辅导员的出勤率相对较差，反之则相对较好。与出勤率和参与度不同，满意度是指民办高校辅导员对考评机制的满意程度。因此，在确定满意度的核算标准时，不仅需要考察对专业培训本身的意见和看法，还需要针对他们对后期培训的相关意见做出调整。

（二）定量与定性相结合的考核原则

定量分析法和定性分析法作为两大常规研究方法，受到诸多学者的青睐。在民办高校辅导员队伍专业化建设过程中，对于辅导员的考评也应当采用定量分析与定性分析的考核原则，以此保证民办高校辅导员的绩效评估；不能仅仅通过对事物性质的考量，还要通过一定的数据加以呈现。从定量分析角度来看，在民办高校辅导员队伍专业化建设过程中，民办高校辅导员考核会通过出勤率、参与度和满意度来实现，必要时，还会通过一定的数据来对民办高校辅导员实际培训效果做出考核，这种用数据模型加以分析的方式就是定量分析。从定性分析角度来看，在民办高校辅导员队伍专业化建设不能完全利用数据进行分析时，仅通过培训内容和培训项目就能做出考核，此时民办高校辅导员实际绩效评估往往是通过定性分析法实现的。应当综合运用考核方式，以达到相辅相成的效果。①

---

① 张娟，许鹏奎.高等学校辅导员队伍建设状况的调查与分析——以甘肃民办高校为例 [J]. 长春理工大学学报，2012，7（11）：8.

在具体应用过程中，定量分析和定性分析应当有一定的前后顺序。在考核初期，可以通过定量分析的方式对民办高校辅导员实际参与情况做出考核；在培训一定周期后，基本就形成了按时参加培训的良好习惯，此时可以通过定性分析的方式对民办高校辅导员实际参与情况做出记录；而当培训快结束时，又可以通过系统化的数据分析来加强定量研究。因此，采取定量与定性相结合的方式来对民办高校辅导员日常培训进行考核，需要在具体应用过程中加以强化，以保证民办高校辅导员队伍能够呈现专业化素质。

（三）多角度动态评价考核

为了进一步推进民办高校辅导员队伍培训，应当加强考核的多角度动态评价，保证不同的民办高校辅导员能够有不同的评估结果。多角度动态评价分为三个角度：个人角度、团队角度和集体角度。其中，个人角度是对民办高校辅导员个体的评估，需要由培训基地的相关人员通过系统化的考核机制对其加以分析，一旦出现言行不一或基本素质较差的情况，培训机构的相关人员可以对其采取警告或处分的方式进行惩罚甚至作废本次培训。团队角度是指民办高校辅导员在参与民办高校组建的相关培训讲座时，不是一个人参与其中，而是以小组的方式联合"作战"。倘若民办高校辅导员在参与培训过程中无法与其他的小组成员进行良好的沟通交流，那么团队合作分就会相对较低。此时，团队角度的动态评价也会相对较差。与团队角度不同，集体角度具有更为明显的动态性和互动性，要求民办高校辅导员专业队伍建设的相关负责人能够在考核过程中通过动态分析法，加强对民办高校辅导员本身的认知与解读。

（四）注重考核的连贯性

要想使民办高校辅导员队伍建设更专业化，就应努力提升培训的专业程度，保证民办高校辅导员培训可以在现有基础上进一步提升，以达成良好的绩效评估。民办高校辅导员队伍建设需要注重考核方式，尽可能实现考核的连贯化并能及时得到反馈。其中，连贯化主要是指在强化民办高校辅导员绩效评估过程中，不能仅仅针对某一时期的表现情况做出衡量，而应该以较为连贯的时间轴对其做出考评。

四、完善民办高校辅导员保障机制

（一）设立民办高校辅导员岗位津贴

要想进一步推进民办高校辅导员队伍专业化建设，应努力完善民办高校辅导员保障机制，设立民办高校辅导员岗位津贴，保证民办高校辅导员在日常生活就业过程中能够有良好的福利补助。通常情况下，民办高校辅导员岗位津贴可以分为出勤津贴、科研津贴和加班津贴三个部分。其中，出勤津贴主要是指民办高校辅导员在日常到岗情况中的出勤率。倘若每位民办高校辅导员都不出现迟到早退的现象，就应该享有一定的出勤津贴。科研津贴是按照科研活动的计划和安排，要求民办高校在强化辅导员保障及秩序时，能够为主持或参与科研活动的辅导员提供一定的经费支持，为他们解除后顾之忧，从而达到更好的科研效果。为了更好地推进师生联通，民办高校辅导员保障机制应当加强加班津贴，保证民办高校辅导员的假期工作能够有一定的回馈。即使是经济条件相对薄弱的民办高校，也可以通过适量的经费补贴来实现岗位的流通与互补。

（二）建立民办高校辅导员职称评聘制度

为了获取更好的教育效果和教育质量，需要建立民办高校辅导员职称评聘制度。在确定具体的职称评聘制度之前，民办高校的校方领导和学院领导应当在第一时间对本校内部的辅导员做出综合评定，了解不同职称层次的辅导员人数，并以此为依据确定具体的职称评聘标准；在职称评聘制度具体落实后，要保证辅导员职称评聘不仅是理论层面的计划与安排，还要成为能够付诸实践的具体对策。在具体执行过程中，如果民办高校无法抽出足够的人员用于职称评聘制度的跟踪与完善，那么可以采取线上交流的方式，将职称评聘设置为线下板块和线上板块两个部分。其中，线上板块主要负责采集辅导员的日常数据，线下板块则用于特殊阶段的特定辅导员职称评聘。一旦出现线上反馈无法有效解决的相关问题，相关负责人应当重新将线上板块转为线下板块，并落实深入的线下操作模式。为了进一步实现民办高校辅导员队伍专业化建设，职称评定制度的建立不应只是在某一阶段内，而应该建设成周期性的运作。这就意味着民办高校在后期强化职称评聘时，不仅要在一定周期内对辅导员的职称做出审核排查，还要在一定周期后再对其做出复查。

（三）实施民办高校辅导员职等职级制度

为了更好地实现民办高校辅导员队伍专业化建设，应当通过有效的保障机制实施民办高校辅导员职等职级制度。民办高校辅导员职级的评定应当根据其工作内容、责任大小和难度高低来进行划分。从工作内容来看，负责大一新生的辅导员需要带领学生快速适应学校环境，辅导工作较为复杂。而大四毕业生需要在短期内搜集大量就业创业相关的资料，辅导员要为他们打通就业渠道。因此，负责大四的辅导员的职级应当高于负责大二、大三的辅导员。从责任大小角度来看，随着年龄的增长，民办高校的学生逐步接近毕业阶段，他们所处的环境更加复杂化，教师的职责也随着学生年龄的增长而有所提升。民办高校在确定辅导员职称评定和职级选定时，应当根据辅导员所带领的年级做判断，带高年级的辅导员的职级层次应越高。不同院校的民办高校辅导员层次有所差异，不同民办高校辅导员办理事务的方法也有所不同。其中，关注学生发展动态、实时进行监督的民办高校辅导员往往工作强度较大、难度较高。对于这些辅导员，民办高校应当采取宽松的职级评定制度，保证这些辅导员在参与职级评定时能有一定的优势；而对于不关注学生动态发展、仅考虑学生学习成绩提升的辅导员，民办高校则应该采取较为严谨的职级评定制度。

五、改善民办高校辅导员队伍管理机制

（一）完善选聘机制，改善民办高校辅导员队伍结构

民办高校辅导员队伍的建设是高校教育工作的重要内容，必须打造一支素质过硬、结构合理的复合型民办高校辅导员队伍，只有这样，才能够更好地促进高校工作的健康和可持续发展。首先，在民办高校辅导员的选聘过程中，应该严格把好入关口，按照"政治过硬、业务熟练、热爱教育、关爱学生"的标准选拔人才，坚持"素质至上、宁缺毋滥"的原则，尽量选择高学历、高素质的人才。完善选聘机制，拟定科学规范的选聘标准，对科学规范的机制和程序予以落实和保障，保证准入机制的科学性和规范性。同时，入选的应聘者要有较高的政治觉悟，坚决拥护党中央的各项方针、政策，坚决维护国家利益，严格依照国家选拔程序执行，对辅导员工作有热情，而且具有较强的组织能力和表达能力等。其次，要严格规范选聘过程中的每一个环节，执行选拔和聘用高素质民办高校辅导员的原则，选聘过程中的每一个环节都要科学严谨。要邀请学院负责学生工作的代表参与整个选聘过程中的选拔和评估工作，选取政治理论素养高、洞察力敏锐、语言表达能力强的高素质应聘者。应聘者还要具有敬业精神，不仅爱护学生，更要热爱自己的岗位。最后，应该突出民办高校辅导员对大学生成长成才的人文关怀和价值引领，构建以学生全面发展为中心的教育服务考核体系，在选聘原则、选聘方式、选聘内容、选聘体系上突出民办高校辅导员工作特色，将具有责任心和奉献意识的优秀人才选聘到这个岗位，并将他们纳入人才培养计划和后备干部队伍。

（二）完善晋升机制，激发民办高校辅导员的热情

民办高校应建构科学、规范、完善的辅导员晋升机制。首先，要畅通民办高校辅导员职级职称晋升的绿色通道。根据民办高校辅导员任职年限及实际工作表现，参照学校管理岗位职员职级晋升的规定，单列计划，单独评聘，搭建多元化平台，畅通晋升渠道，将高素质的优秀民办高校辅导员作为党的后备干部进行培养。

首先，要拓宽民办高校辅导员职业发展多元化通道，在满足一定条件后，民办高校辅导员有机会转到教学科研或专职管理岗位，实现民办高校辅导员队伍良好的内部循环和可持续发展。其次，扎实做好民办高校辅导员的培育工作，明确培育目标，保障建设经费，完善协同机制，定期考核验收，积极发挥示范引领作用。实施民办高校辅导员"一人一特色"的亮点工程，设立专项扶持资金，着力打造民办高校辅导员思想政治工作精品项目。最后，充分运用激励理论，制定科学合理的激励晋升机制，有效地激发他们的内在动力。目前，民办高校辅导员队伍建设逐渐走向专业化、规范化和科学的发展道路，应让民办高校辅导员在发挥积极性和激励作用的同时，充分发挥其主观能动性，增强其职业认同感，优化顶层设计，努力完善晋升机制，增强民办高校辅导员的工作动力，提高民办高校辅导员工作的积极性。

（三）健全培训机制，提高民办高校辅导员素质

民办高校辅导员队伍的专业素养主要由知识素养、能力素养和道德素养等构成。推进民办高校辅导员队伍专业化发展是队伍建设的内在要求，有利于更好地激发民办高校辅导员的工作积极性，提升其工作价值。首先，为了更好地提升民办高校辅导员的知识素养，可以开展民办高校辅导员知识素养提升工程，按照职业化、专业化、专家化的民办队伍建设标准，营造全员努力提升自身专业素养的良好氛围，针对民办高校辅导员队伍开展关于马克思主义哲学、政治学、心理学、管理学、伦理学、法学等学科的基本原理和相关理论培训，不断提升其知识素养，使其具有良好的知识储备，并打下扎实的理论基础。其次，为了更好地提升民办高校辅导员的能力素养及心理素养，可以建设民办高校辅导员培训基地，承担民办高校辅导员素质能力提升、心理健康教育、职业发展教育等方向的专业化培训工作，有效培养民办高校辅导员较强的管理组织能力、沟通表达能力等。这是对民办高校辅导员队伍进行专业化培训的一个重要阶段。另外，可以增加民办高校辅导员的培训机会。比如，多举办一些民办高校辅导员知识讲座、民办高校辅导员技能大赛等，完善民办高校辅导员培训机制，优化民办高校辅导员培训环境，鼓励他们考取与学生事务工作密切相关的资格证书等，从而更好地提升民办高校辅导员队伍的能力素养及良好的心理素养。最后，为了更好地提升民办高校辅导员的道德素养，可以通过举办知识讲座或主题演讲等活动形式，加强民办高校辅导员对思想政治教育的重视。对于表现突出的辅导员进行奖励和表彰，从而不断提高民办高校辅导员的道德品质，以促使他们具有更高的思想政治觉悟、更扎实的理论基础，让他们的一言一行都为学生带来积极健康的影响，更好地发挥榜样模范作用。

六、完善民办高校辅导员队伍的专业化建设

（一）重视自身主观能动性培养

民办高校辅导员应热爱这份职业，竭尽全力为学生做好服务，充分发挥自身的主观能动性，尽自己最大的努力坚守好自己的岗位。首先，民办高校辅导员要增强专业化发展的自觉性和内生动力，通过自我调整、自主规划、自主提升，激发工作积极性，以学生为中心，积极主动发声，做好大学生的思想引领工作。其次，民办高校辅导员应该以生为本，平时多和学生沟通交流，成为学生成长过程中的人生导师和知心朋友，并将立德树人作为工作的首要准则，不辞劳苦，甘于奉献，以服务学生为荣，发自内心地热爱这份光荣的职业，愿意为这份职业奋斗一生。最后，民办高校辅导员应认识到自己在学生思想政治工作中起着至关重要的作用，要爱岗敬业，把自己的事业当作世界上最神圣的事业来看待。要把民办高校辅导员工作当作终身事业，从本职岗位做起，一丝不苟，勤勤恳恳，努力提高自身工作的积极性。

（二）不断强化自身创新意识

民办高校辅导员要想成为大学生创新环境的创造者和创新意识的重要培养者，务必要充分重视自身创新意识的培养。民办高校辅导员要结合新时代意识形态工作的特点，树立创新态度，强化创新意识，用创新思维打破思维定式，创新工作思维和方法，既重视自己的思想和管理的创新，也重视内容、方法的创新，并能对大学生思想政治工作中出现的问题做出具有时代性的解答，以提高思想政治工作效果。首先，民办高校辅导员要创新工作理念。民办高校辅导员要顺应时代发展，增强新媒体意识，利用大数据技术，更加全面、多元地了解当代大学生的真实思想，不断更新创新育人观念，始终保持创新的思维和战略定力，发挥奋发向上、勇于担当的精神，第一时间获取学生的思想动态，以便有效提升大学生思想政治工作时效性。其次，民办高校辅导员要不断创新工作方法和内容。对于民办高校辅导员来说，高校思想政治工作方法并不是一成不变的，需要与时俱进、紧跟时代潮流，从而确保学生思想政治工作的顺利进行。民办高校辅导员要有效地运用新媒体及科学技术，让学生充分理解习近平新时代中国特色社会主义思想及社会主义核心价值观等理论知识。同时，民办高校辅导员要不断创新工作方法，可以结合当前的社会热点来进行，以各种社会发展现实情况为出发点，指导学生养成良好的道德修养，培养学生良好的道德品质。最后，民办高校辅导员要创新思维，培养批判性和创造性思维。民办高校辅导员应具有批判性思维，要重视创新意识的培养。创新思维培养重在从

战略高度把握高校思想政治工作，充分发挥民办高校辅导员在高校思想政治工作中的战斗堡垒作用。特别是要以习近平新时代中国特色社会主义思想为理论指导，提升思想政治素养，弘扬社会主旋律，不断创新思想政治工作思路与方法，切实提高思想政治教育和价值引领的针对性和实效性。

（三）努力提升自身专业化能力

民办高校辅导员既要有较高的理论素养，还要有较强的业务本领和专业技能，才能更好地为学生成长成才服务。要想真正做好民办高校辅导员工作，就要不断加强理论学习，努力提升自身专业化能力和水平。首先，民办高校辅导员要丰富多维度、多层次的理论知识，在重视学生的学习基础上，更要加强自身的理论学习，不断进行"充电"。除了学习一些专业知识外，他们还应该掌握一些业余知识丰富自己的精神世界。其次，民办高校辅导员要努力提高自身的政治素养。民办高校辅导员的首要职责是开展思想政治教育，主要任务是完成高校立德树人工作，自身必须要做到德才兼备。只有保持理论上清醒，政治上才能坚定。民办高校辅导员必须具备一定的马克思主义理论基础，全面了解党的路线、方针和政策，以习近平新时代中国特色社会主义理论武装自己，从新时代中国特色社会主义先进文化中汲取养分，涵养自身的文化品格，并学会运用思想政治教育的基本理论方法分析问题，学深悟透，融会贯通，不断强化理论学习，提高自己的专业化能力和水平。民办高校辅导员应通过自己的政治立场来引导、教育和影响学生，促使学生筑牢信仰的基石，把稳思想的船舵，提高政治站位，坚定实现中华民族伟大复兴的理想信念，努力成为新时代砥砺奋斗的追梦人。最后，要提升民办高校辅导员自身的能力素养尤其是处理突发事件的能力。民办高校辅导员队伍是学校党政干部的后备人才库，他们要善于结合学生工作实际，不断提高自身的能力素养，以"立德树人"之心呵护学生成长成才。而基于民办高校辅导员的工作性质和工作对象的诉求，民办高校辅导员在实际工作中会面临各种各样的突发性事件。因此，在民办高校辅导员自身能力素养中，处理突发事件的能力是重中之重。在遇到突发情况的时候，民办高校辅导员要能够沉着冷静地根据其掌握的信息对突发事件进行初步分析，了解事态起因，做好充足的准备，以沉着冷静地应对突发事件，要始终保持积极乐观的信念，协调好各个部门，迅速妥善处理应急事件，并熟练利用相关理论做好公共危机处理，时刻关注危机事件的发展动态，控制事件局面，做好后续追踪工作，以实际行动守初心、担使命。

第二节　民办高校辅导员队伍稳定性提高的策略

一、进行观念的转变，使民办高校辅导员队伍的配套政策得以加强

对于民办高校来讲，管理者应该充分认识民办高校辅导员队伍及其稳定性在高校教育过程中的重要性，将民办高校现在所拥有的条件作为基础，对民办高校辅导员队伍的激励政策进行科学的制定。例如，对民办高校辅导员的工作责任予以确定；进行职称的评选制度制定与改革；制定一套专属于民办高校辅导员的工龄工资制度。管理者应进一步明确民办高校辅导员工作的职责，并对其管理办法进行合理制定，使民办高校辅导员对其所从事的职业有一定的认同感，对其努力的方向更加明确，进而可以使其拥有晋升的渠道及发展空间。带过一届学生的民办高校辅导员，学校应该尊重其个人意愿，让其自由选择，是转岗，还是继续当民办高校辅导员。学校也应该对民办高校辅导员制定一些奖励措施和福利待遇，并对一些问题加以调整和完善。

二、加强培训，使民办高校辅助员职业技能得到培养和提升

随着社会的不断发展，学生的层次不尽相同，民办高校辅导员面临的问题与挑战也在逐渐增加。为此，民办高校应制订完善的辅导员培训计划，并且进行定期的培训。培训的内容可以围绕着思想政治教育、就业指导、班风以及学风的建设、学业指导、心理健康教育、危机事件的处理、党建团建等方面进行。在进行培训的过程中，可按民办高校辅导员入职的年限来进行分级，对其培训；对于培训的成果，可以采用竞赛的形式让民办高校辅导员进行展示。加强民办高校辅导员培训可以使团队建设得到良性循环，对民办高校辅导员队伍总体的职业能力提升以及综合素质的培养有良好的促进作用；同时，可以提高民办高校辅导员队伍的稳定性。

三、实行优胜劣汰，对民办高校辅导员考核制度进行优化

要有效地调动民办高校辅导员的积极性，并且客观地对民办高校辅导员工作进行评价。民办高校管理部门应该根据辅导员在日常管理中的工作情况，建立一套具有良好可操作性的考核办法。

在各个院系中，负责进行民办高校辅导员队伍建设的相关人员，应该依据辅导员队伍提升素养原则来考核辅导员的工作，应对辅导员加以鼓励，使其对工作进行创新；还应增设一些奖励措施，对有突出贡献的辅导员予以奖励；同时，对于月考核中优秀者实施奖励。除此之外，应该实现民办高校辅导员考核制度与学院的各类评价以及评优工作之间的有效结合，在每一个学期对民办高校辅导员考核结束之后，采取优胜劣汰的原则，使民办高校辅导员的能力得到有效保证。

就目前的民办高校而言，辅导员队伍有着很大的不稳定性。为了使辅导员队伍在稳定性方面实现进一步的提升，民办高校应该采取有效的措施，对一些制度进行改革，使辅导员在享受福利的同时拥有晋升空间。另外，可以采取有效的措施对民办高校辅导员队伍加以优化。

第六章 民办高校辅导员工作及压力调适

第一节 民办高校辅导员工作任务与评估

一、民办高校辅导员工作任务

民办高校辅导员工作是学校教育工作的重要组成部分。民办高校辅导员工作的基本任务是在习近平新时代中国特色社会主义思想和现代教育科学理论指导下，依据学校的教育目标和教育改革发展任务，加强对学生进行以德育为首的全面教育，指导学生完成学习任务，建设良好的班集体，组织班级开展活动，协调各方面教育力量，把班级建设成为积极进取、团结向上的班集体，使每个学生得到全面发展。

（一）把德育工作放在首位

1.思想品德教育

班级的思想品德教育工作是班级教育工作的核心与关键，关系到班级建设的发展方向，并直接影响学生的成长。民办高校辅导员作为班级的组织者、教育者，理所当然地要承担起对学生进行思想教育这一首要任务。思想品德教育的基本内容包括理想教育，爱国主义教育，集体主义教育，文明礼貌、行为习惯的教育。

2.心理健康教育

青春期是青少年身心健康发展的关键期。世界卫生组织将"健康"定义为"一种生理、心理和社会适应都日臻完满的状态"。民办高校辅导员必须充分重视青年学生的心理健康教育，并把这项工作渗透到班级德育工作的环节中。

（二）指导学生学习

"会学习"是人类生存、生活、创造必须具备的基本素质，是人各方面素质综合发展的基本条件，是21世纪创新人才的基本素质，也是素质教育的基本任务。指导学生掌握正确的学习方法，提高学习效率，使学生在有限的时间内更快、更好、更轻松地学会更多知识，是民办高校辅导员的一项重要工作任务。

青年学生正处于身心发展的重要时期，所以，学校不仅要使学生掌握知识技能，还要促进学生智力和非智力因素的发展。学生在民办高校辅导员的指导下学习，有利于激发学生的学习动机，培养学生良好的学习习惯和科学的学习方法，有利于学生更加科学地认识自我和完善自我，充分展现自己的个性，养成良好的道德品质、性格特征和科学的人生观，促进学生全面发展。

民办高校辅导员指导学生学习的主要内容包括教育学生树立正确的学习目标，激发学生的学习动力；培养和激发学生学习兴趣；教育学生端正学习态度；培养学生的学习意志；指导学生掌握学习方法。民办高校辅导员尤其需要针对学生的学习心理和行为特征，提高指导学生学习的能力。

（三）创建美好的班集体

班集体是学校的基层组织，是教育教学质量管理的基本组织单位。良好的班集体具有重要的教育功能和社会教化功能。创建良好的班集体，能促进学校教育与管理功能的充分发挥，有效满足学生个体社会化发展的需要，更好地满足学生个体心理和精神发展的需要，为学生个性发展提供机会和条件。创建良好的班集体也是民办高校辅导员提高自身素质的重要途径。创建班集体的过程是对全体学生实施教育的过程，民办高校辅导员只有通过班集体的创建，才能达到班集体和全体学生的预期教育目标。

民办高校辅导员要创建一个良好的班集体，必须在认识和把握班集体形成、发展的客观规律的基础上，围绕班集体基本的结构要素来加以建设。其基本内容包括建设班集体的共同奋斗目标，加强班集体的组织机构建设，班集体组织的干部选拔和培养，组织和开展班级集体活动，班集体共同的规范和舆论建设，班集体人际关系的建设。

（四）组织和指导班集体活动

活动是班集体的重要结构要素，是民办高校辅导员对学生进行教育的不可或缺的载体。没有班集体活动，可能会影响学生良好人格品行的形成和发展，良好班集体的创建就无从谈起；没有班集体活动，就不可能把学生培养成为全面发展的人才；没有班集体活动，对学生的教育就失去了具有现代积极意义、富有独特的人性化魅力的教育手段。因此，民办高校辅导员不仅要掌握组织和指导班集体活动的基本原则，还要提高组织和指导班集体活动的艺术水平。这种艺术水平和能力主要体现在以下几方面：一要注重班集体活动的内容选择和创新，这是提高活动实效性的基础；二要注重选择和创新有效的活动形式，这是活动取得实效性的关键；三要突出活动的主体性，这是活动实效性的根本体现。不断提高组织和指导班集体活动的能力和水平是提高民办高校辅导员工作的重要内容。

（五）协调好各种关系

管理科学理论强调人的社会属性，重视人际关系在管理中的作用。作为教育者和管理者，民办高校辅导员必须把协调关系作为其基本工作任务之一。这里的协调关系主要是指协调班集体在实现教育目标过程中所形成的校内外的各种重要关系，以及能够对班集体和学生教育产生重要影响的相应关系。协调关系有利于形成家庭、学校、社会等教育学生的整体合力，有利于发挥民办高校辅导员的主导作用和学生主体的创造性，推进学校教育目标的实现。

民办高校辅导员协调关系的主要内容是协调学校领导、任课教师、学生、家庭及社会的关系。重点是协调好师生关系，最大限度地实现教师主导作用与学生主体作用的良性互动。民办高校辅导员通过能对学生教育产生重要影响的各种关系的有效协调，调动各方面的积极因素，形成相互理解、信任、支持、合作的局面，使各种力量整合为推动学生教育的合力。

（六）了解和研究学生

民办高校辅导员担负着全面教育和培养学生的任务。全面了解和研究学生是民办高校辅导员完成上述各项任务的基础性前提。了解和研究学生是教育学生的前提，是创建良好班集体的基础，也是民办高校辅导员提高自身素质、完善人格的重要途径。

了解和研究学生的内容包括班集体和学生个体两方面。在这里，民办高校辅导员了解和研究学生的内容是十分广泛的，特别是学生个体的非智力状况、学生个体发展的整体状况、学生成长的家庭和社会环境，是民办高校辅导员了解研究学生的重点和难点。民办高校辅导员要掌握了解和研究学生的方法和技巧，努力提高了解和研究学生的艺术。民办高校辅导员必须遵循全面性、客观性、发展性、联系性的原则，学会了解学生、研究学生。

民办高校辅导员了解和研究学生的方法与技巧多种多样，有资料分析法、观察法、谈话法、调查法等。资料分析法需要详细，观察法需要细致，谈话法需要耐心，调查法则需要深入。只有掌握了有关的方法和技巧，才能真正地了解学生、认识学生，工作才能有的放矢、取得实效。

民办高校辅导员的工作任务繁重而艰巨，平凡而伟大。工作在教育第一线的民办高校辅导员要认清自己的使命，明确自己的任务，提高和掌握工作的艺术，使自己未来的事业更加辉煌。

二、民办高校辅导员工作评估

教育评估是根据事实，按照一定的标准，去评判教育活动的价值。民办高校辅导员工作评估是广义教育评估中的一个方面。它直接影响班级和学校的教育质量，是学校教育管理工作的重要环节。

（一）民办高校辅导员工作评估的意义和作用

民办高校辅导员工作评估是根据我国学校教育的性质、任务所确立的教育目标，对民办高校辅导员所实施的各种教育活动的效果进行科学的评定。具体地说，主要是考核和评定民办高校辅导员是否切实有效地履行了工作职责，包括了解和研究学生，培养积极分子，组建班级领导核心，尽快建成班集体；贯彻学生守则，提出班级工作计划和组织班级活动，建立正常而稳定的教学秩序，促进学生全面发展；协调任课教师的教学、教育工作，指导班级团队活动、文体活动；协调学校与家庭、社会的教育力量，共同教育学生等。

1. 端正方向

教育思想的正确与否是决定教育成败的关键因素。苏联教育家苏霍姆林斯基认为，校长对学校的领导首先是教育思想的领导，其次才是行政领导。[①] 这个论断完全适用于学校对民办高校辅导员的领导。学校通过体现全面发展教育思想的民办高校辅导员工作评估体系的考核评定，可以发现问题，并由此采取相应的管理调控措施，促使民办高校辅导员牢牢地把握班级教育的方向，使班级工作朝着健康方向前进。

2. 督促激励

实践证明，评估对象是评估工作的直接受益者。通过民办高校辅导员工作评估的反馈环节，教师能够对自己的工作有比较清晰完整的认识，可以将现在的工作和过去的工作进行纵向比较。看看自己的工作是进步了还是退步了，进步体现在哪里，经验是什么，还存在什么问题；退步表现在哪里，根源是什么，今后如何改进。民办高校辅导员还可以将自己的工作与本地区乃至全国民办高校辅导员工作的总体水平进行横向比较，看看自己的工作是居于上游、中游或者下游，从而激发出不甘落后、争取优先的内在需要和动机。可见，民办高校辅导员工作评估对教师来讲，既是压力又是动力。

---

3. 改善管理

民办高校辅导员的管理是指对民办高校辅导员的任用、培养、考核、奖惩等方面的管理。考核评估民办高校辅导员工作是较为重要的一环。

（二）民办高校辅导员工作评估的实施

1. 制订计划

一方面，要明确民办高校辅导员工作评估的具体目标和重要意义，分析评估的要求和结果可能产生的影响，设法扩大积极影响，克服消极影响。另一方面，要建立民办高校辅导员工作评估指标体系，并要达到上述关于指标体系的三点要求。这是进行民办高校辅导员工作评估的关键步骤，是整个评估活动的依据。

2. 组织动员

组织工作包括挑选并培训评估人员，使他们明确评估的指导思想、方法以及要达到的目的，提高评估者的能力、思想水平和心理素质。做好评估动员，评估前要开诚布公地向被评估的师生宣讲评估的目的、意义，说明指标体系的整体结构及各级指标的含义、价值，征求师生对评估体系的意见，吸取合理化的建议，讲明评估的日程安排，使参加评估的双方都做到心中有数，以期密切合作；还要组织师生共同讨论，统一认识，提高接受评估、参与评估的自觉性。在评估过程中，被评估的师生可能出现这样或那样的不适心理，如师生自评时的疑惧心理、受审心理，评估时的应付心理、迎合心理、自卫心理，结果反馈时的敏感心理、文饰心理。在宣传解释评估问题的过程中，需要有针对性地加以解决，使评估工作顺利进行。

3. 测定衡量

主评者借助观察、测试、座谈、访问、现场统计等方法，收集并考核各种信息及事实依据，如各种竞赛的数据和事例，有关的教学数据和事例，政治思想工作方面的有关数据和事例，纪律与卫生方面的数据和事例，团、队工作及学生干部工作的有关数据和事例。同时，要让民办高校辅导员和班干部、同学按照民办高校辅导员工作评估体系的项目提供数据和事例。若二者信息一致，就可以填写统计表；若不一致，主评者还要调查、校对、考核，在确保信息正确后，再完成统计工作。

4. 研究判断

对前阶段获得的各种评估资料进行定性、定量分析，并以此为基础分析原因，进行评估。也就是说，不仅要得出综合的评估，还要分析、探讨同结论有关的多种因素，总结经验并进行问题诊断。

5. 确认、报告

要将评估结果写成总结报告。要以适当的方式将评估的结论和在此基础上提出的工作建议告知被评估的民办高校辅导员。必要时，还要经过双方认真讨论，以取得对评估结论的一致认识。然后，将报告交给上级，以供其在做决策时参考。

在总结阶段，要认真分析评估工作本身的问题，听取师生意见，以便不断改进、完善，使评估工作逐步科学化。

第二节　民办高校辅导员职业压力的调适对策

一、优化社会环境

（一）借鉴国外先进经验，促进我国民办高校辅导员制度改革

民办高校辅导员是帮助大学生树立正确的世界观、人生观、价值观的指导者和引路人，既担负着光荣使命，又责任重大。近几年，我国政府部门制定了一系列关于民办高校辅导员的政策，表明国家越来越重视民办高校辅导员的工作。

政府应该做到以下几点：科学制定我国高等教育的中长期发展规划，调整和优化高等教育的学科结构、类型结构、层次结构等，使高等教育最大限度地为经济发展服务；科学地提高教育决策，加强教育政策执行的监督机制，确保教育政策的落实力度，为高校的发展提供政策性的指导。允许高校根据当地实际情况，在专业设置上进行前瞻性的开设和探索，拓宽大学生的就业渠道；积极构建大学生的就业指导服务体系，加强对大学生就业创业的指导、完善学校教学培养模式，加强毕业生跟踪调查和就业市场调查，形成良好的反馈机制。在国家政策的推动下，高校应该采取各种积极措施，确保毕业学生质量，减轻民办高校辅导员对大学生就业指导的压力。

我国相关部门应结合我国的国情，借鉴国外高校学生事务管理工作的优秀理念与经验，科学分析我国民办高校辅导员的职业特征，合理规划、设计民办高校辅导员岗位工作，积极探索具有中国特色的民办高校辅导员发展之路。

目前，各高校对民办高校辅导员队伍的管理工作做得相对比较严谨，执行力度也有待进一步落实。高校要根据我国出台的政策，制定切实有效的民办高校辅导员工作制度，从而解决民办高校辅导员工作职责、培养选拔、收入分配、职称考评等方面的问题。这些对民办高校辅导员造成职业压力的问题都需

要高校在政策层面做出明确的规定，并且确保能够严格落实。比如，明确民办高校辅导员岗位职责，界定工作范围，与其他职能部门合理分工，实现民办高校辅导员思想政治教育本质的回归，促进民办高校辅导员队伍向科学化、制度化、法制化方向发展，减轻民办高校辅导员的职业压力。

（二）营造良好舆论氛围，提高民办高校辅导员职业认同度

一种职业能否被社会认同并产生自我认同，主要取决于职业声望的高低。在国家大力倡导民办高校辅导员要专业化、职业化发展的道路上，民办高校辅导员的职业压力是职业化进程中的一个阻碍物。因此，有效缓解民办高校辅导员的职业压力，是加快民办高校辅导员职业化进程的必经之路。所以，社会各界舆论应积极引导公众建立对民办高校辅导员的合理期望，营造良好的社会舆论氛围，对民办高校辅导员工作给予充分的信任和支持。

民办高校辅导员是大学生成长成才的指导者和引路人，担负着培养社会主义事业合格建设者和可靠接班人的重任。大学生的思想政治教育，以理想信念教育为核心，以爱国主义教育为重点，弘扬和培育民族精神教育。因此，应积极引导民办高校辅导员走职业化发展道路，提高其职业认同度，使其全身心地投入学生工作，从而担负起培养社会主义事业建设者和接班人的重任。

如何引领民办高校辅导员走职业化的发展道路？要增强民办高校辅导员岗位的职业吸引力，培养民办高校辅导员的事业感、成就感，构建民办高校辅导员职业的人生价值实现模式，使其产生强烈的职业归属感。如果民办高校辅导员这一职业能够真正做到职业化、专业化，那么辅导员的职业压力和其队伍是否稳定等问题就会迎刃而解。因此，社会媒体应加强宣传民办高校辅导员的育人功能，营造舆论氛围，想方设法地增强民办高校辅导员的职业吸引力，从制度完善、社会支持、发展空间等长效机制方面强化民办高校辅导员工作的重要性，使之成为光荣的职业，进而提高民办高校辅导员自身的职业认同度。

（三）完善社会支持体系，增强民办高校辅导员职业自豪感

社会支持体系是一项系统的工程，它包括民办高校辅导员职业发展、经费支持、专业培训、理论研究等方面。具体涉及的部门较多，如教育部门提供的专业培训和认定细则的支持，政府部门提供的人事编制管理支持，财政部门给予的资金经费支持，对高等教育的投入支持，各类社会科学研究机构提供的理论研究支持。这些都为调适民办高校辅导员职业压力提供了多方面的支持保障。目前，民办高校辅导员职业支持体系只是初步建立，还需要进一步细化和完善专业培训和认定、职业发展等方面。例如，要更加完善民办高校辅导员岗位编制管理，增强民办高校辅导员职业认同感，使其克服工作中存在的尴尬矛

盾的心理；要开展民办高校辅导员培训工作，提升其理论层次和能力，提高工作的实效性；要进一步促进民办高校辅导员理论研究与工作实践相衔接，为学生工作提供更有针对性的理论指导和方法支持。有效的支持系统可以更好地激发民办高校辅导员的创新能力。因此，应不断改善教育的社会大环境，减轻民办高校辅导员的职业压力，提升其工作积极性。

随着我国高等教育改革的不断深入，社会民众对于大学教师的尊重和认可度越来越高，但对民办高校辅导员的社会认可度却相对较低。因此，要加大宣传思想政治工作重要性的力度，重视民办高校辅导员在育人管理方面的工作和劳动，为广大民办高校辅导员树立良好的社会形象，提高其社会地位，为其营造良好的社会舆论氛围，使全社会更加关注和支持民办高校辅导员工作，构建起社会整体参与的民办高校辅导员职业运行保障体系。

民办高校辅导员是高校教师队伍中从事德育工作的主要成员，其发挥的作用是不可替代的。他们是加强和改进大学生思想政治教育和维护社会稳定的重要保障，关系着高校人才的培养质量。社会民众对民办高校辅导员的高要求、严标准和高期盼，无形中给他们增添了更多压力。因此，在制定标准时，应对民办高校辅导员持合理的期望，同时给予他们相应的人文关怀，关注民办高校辅导员的工作和心理健康状况，帮助民办高校辅导员以轻松的心态应对压力，确立更现实的目标，缓解压力和紧张的情绪。

个人的自由发展与自豪感取决于个人社会价值的实现。社会要通过媒介宣传，多渠道、多角度地树立尊师重教的良好风气。以表彰、奖励、宣传优秀大学生的典型事迹为载体，加大对民办高校辅导员在高校育人方面重要性的宣传力度，可起到良好的引领和示范作用。结合相关政策支持的投入，改变各界对民办高校辅导员认识上的不足与偏见，理解并认同民办高校辅导员的工作，为他们营造一个有职业威望的社会环境，增强其职业自豪感。

二、高校高度重视

（一）完善民办高校辅导员职业标准，克服盲目工作倾向

民办高校辅导员专业化已成为一种趋势，专业化对民办高校辅导员的从业标准提出了更加严格、更加规范的要求。例如，在制度的监管下，民办高校辅导员要具有宽广的知识储备、一定的思想政治教育基本理论与知识体系支撑。在管理模式上，可以探索新型的方式和渠道，建立严格的从业标准，以及专门化的分类管理型学生服务机构。民办高校辅导员在专门化机构中，可以发挥自身擅长的服务和指导职能，有针对性地对全校学生开展思想政治教育。一方面

可以发挥民办高校辅导员自身特长,另一方面也可以使自身能力得到提升和发展。

我国民办高校辅导员制度的推进取得了很大的进步,但是,就目前民办高校辅导员配备情况而言,大部分学校的学生人数与民办高校辅导员的配备比例远远大于1∶200的标准,民办高校辅导员承担了过量的工作任务。因此,民办高校应严格落实政策,进一步明确辅导员职责,分清辅导员与其他教学人员的工作边界,避免出现凡是与学生有关的事务都由辅导员去解决的现象,使辅导员从繁杂的事务里解脱出来,减少工作压力。辅导员应有效地发挥其组织协调作用,将现有的所有事情都亲力亲为的境遇转变为组织督导学生参与完成,从而提高工作效率。另外,学生工作是一个庞杂的工作体系,民办高校要进一步对辅导员的学生工作进行梳理。学校各行政处室和学院系的办公室应将行政事务直接处理或者通过学生会、班干部进行解决,而不要再通过辅导员去完成。

目前民办高校辅导员队伍中大多数是年轻人,他们人生阅历较浅,对工作缺乏深入研究,且其年龄结构和知识结构也亟待调整。民办高校一方面要在职称和职位上关心辅导员的成长,稳定辅导员队伍,使辅导员成为高校的主流;另一方面要鼓励辅导员努力向专家型转变,可请资深辅导员引导和帮助年轻的辅导员,同时加强科学研究,逐步形成一个知识结构和年龄结构互补的学科梯队。比如,在事务管理、就业指导、心理咨询等专业方向,选择一个或两个着重研究的领域,老带新,共同抱团取暖,有效地发挥各年龄层次的优势,使辅导员队伍成为结构合理的专家团队。

民办高校辅导员作为一种职业,随着社会分工的细化,其工作职能也会发生变化。教育部对民办高校辅导员的角色定位是德育教师。民办高校的管理部门要明确辅导员的岗位职责及相应的考核指标,以便树立辅导员职业化的思想,积极地提升职业能力,增强角色意识,优化辅导员的角色环境。

民办高校要建立系统规范的管理制度,确定辅导员的角色特性和岗位职责,规范学生工作程序,精简事务性工作;要有效发挥学校心理健康教育中心、就业指导中心、勤工助学中心等部门的作用,减轻辅导员的工作负荷。只有这样,才能使民办高校辅导员有更多的时间和精力潜心研究学生的思想政治教育工作,探寻学生思政工作的客观规律,找到有效途径和方法,解决大学生的思想问题,发挥民办高校辅导员的育人功能。

民办高校应从思想上转变观念,形成高校全员育人的理念。理性认识辅导员虽是民办高校思想政治教育的责任主体,但民办高校的学生德育工作不只是辅导员的责任，还是民办高校全员应履行的职责，要把学生工作与教学工作放在同等重要的位置上，学校中的每位教职工都是育人队伍中的一员。为了更好地缓解辅导员的职业压力，民办高校可以鼓励专业教师参加学生管理，设置专业班主任，发挥专业教师的育人功能和作用，形成有机互动的合力育人链条，通过专兼结合的方式分担工作。例如，思想政治理论课教师不仅在课堂上对学生讲授思想政治教育的理论知识，还要在日常生活中发挥好言传身教的影响力；专业课教师在课堂上讲授科学文化知识的同时，要有效渗透道德教育的相关内容；行政管理人员在工作中，要充分重视思想政治教育工作的重要性，增强服务意识，改善服务态度，为大学生树立榜样示范作用。只有将全员育人工作真正落到实处，才能真正将民办高校的育人工作做得更加全面和深刻，也可以适当地缓解辅导员的职业压力。

民办高校应建立科学的、合理的规章制度，并做到以下几点：要求各职能部门互相配合、明确分工，对辅导员队伍进行合理的人力资源配置；注重人文关怀，努力为民办高校辅导员营造轻松活泼、团结和谐的工作氛围；定期举办民办高校辅导员沙龙，搭建沟通的平台；进行团体拓展训练，开展文化体育活动，使其在工作之余有丰富的文化体育生活，丰富其内心，有利于压力的排解和释放，增强归属感；要关注辅导员的心理健康，根据辅导员的个性特点、能力倾向合理安排工作内容，实现人职的最佳匹配，充分发挥他们的工作潜能；还要为辅导员提供心理咨询服务，使其积累的心理压力得到有效的排解，减轻职业压力，让他们真正感受到学校、组织对他们的关怀，使其充满热情地投入工作。

（二）规范行政管理部门职责，避免转嫁事务工作

校级相关职能部门要规范行政管理部门职责，明确分工，对范围内的事务应自负其责，不得转嫁给民办高校辅导员去落实，有效地减轻和缓解民办高校辅导员的职业压力。例如，民办高校辅导员新入职选聘时，学校委托的机构会对他们进行专业的培训、考试、选拔等，学校党委会以选聘人员的资历、能力、工作表现、科研成果等作为参照基础，进行下分学院的选派，学期末的考评也直接纳入学校的人事部门考核。这样垂直化的管理能减少中间的层次环节，将大幅度地提高工作效率。

在现阶段，民办高校辅导员管理模式多采用"刚性管理"，即"以规章制度为中心"，用制度来进行约束、奖惩、监督、管理。随着就业竞争越来越激烈，民办高校辅导员学历层次和支撑结构逐渐呈现上升的趋势，也可以结合各自学校的特点开展"以人为中心"的柔性管理。它是以一种非强制性的方式，

能够从内心深处激发每位辅导员的潜力、积极性和创造性，使他们自主地做好民办高校的学生管理服务工作。

（1）选聘时要坚持准入机制。严格遵守选聘标准和原则，必须从源头上严把"入口关"，保障民办高校辅导员职业化建设的基础环节，杜绝那些内心并不热爱学生工作，只是为了一时的生计而将民办高校辅导员岗位作为自身发展"跳板"的人进入辅导员队伍。在选聘时，要侧重把内需拉动与氛围营造相结合，选聘出真正热爱学生工作且有较强的政治素质和工作能力的人加入民办高校辅导员的工作队伍。只有真正热爱民办高校辅导员职业的人，才会在以后的职业生涯中，在遇到压力时主动地进行自我调适。选拔民办高校辅导员的方式是影响选聘机制的外部因素，目前主要有公选制、考核制。但从长远发展来看，要坚持组织推荐和公开招聘相结合的方式，成立选聘工作领导小组，规范选聘程序，坚持公开、公平、公正的原则，通过组织面试答辩、职业能力测评等形式择优选聘，避免"人与组织不匹配"现象的发生。可以重点对民办高校辅导员的角色、作用、地位进行考察，避免在以后工作中因不能适应学校的组织文化和发展需要而产生职业压力。

（2）选聘时要注重学科专业背景，重视职业发展潜力。要注重应聘者的思想政治教育专业学科的教育背景，可以向教育学、心理学、社会学等研究学科倾斜，也可适当选择其他学科。同时，要考察应聘者的组织管理能力、沟通合作能力、调查研究能力、职业素质能力、职业发展潜力以及语言文字表达能力等。既要保证数量，又要优化结构，这样可以保证入选人员一入职就能够胜任基本工作，避免在职业发展上因"后劲"不足而产生压力。

（3）选聘时要科学，并构建长效机制。民办高校辅导员队伍的流动性也是导致辅导员职业压力过大的一个诱因。所以，保持民办高校辅导员队伍的相对稳定也是调适辅导员职业压力的一个有效对策。对新选聘的民办高校辅导员要实行试用期的考核制度；同时，为了保持队伍的稳定发展，应有明确的制度文件规定。比如，规定至少要在岗位上工作一定的年限（不少于四或五年）。这样既明确了民办高校辅导员选聘标准，又夯实了民办高校辅导员队伍的稳定基础。所以，只有明确民办高校辅导员选聘机制，才可能使民办高校辅导员队伍结构更加合理，职业生涯更加轻松。

（4）要探索建立基层专业民办高校辅导员队伍。可将民办高校辅导员工作按照工作类型分为思想教育、心理疏导、就业指导、专业学习、日常生活等若干类型，既有共性要求，又有内部分工，提高工作的针对性。这样能在提高民办高校辅导员管理和专业化水平的同时，改变队伍规模不足、工作超负荷的状况。民办高校要不断加强辅导员的日常管理能力，增强其心理素质，从而应对和调适突发事件，提高应对突发事件的防患意识和处理能力，增强自身的工作胜任力。同时，可有意识地引导辅导员结合自身兴趣和专业特点进行学习，使其成为某一方面的专家，解决个人兴趣发展与日常工作之间的价值冲突，提高个人成就感。

（三）健全考评激励机制，激发民办高校辅导员的职业成就感

激励主要是指在管理工作中通过一系列的制度、措施、方法和手段来有效地调动员工工作积极性的问题。激励对于组织运行起着非常重要的作用。

根据当前我国民办高校辅导员工作的实际，民办高校应该积极贯彻教育部的有关规定，进一步完善辅导员的激励措施，确保辅导员队伍的长期稳定发展。

赫茨伯格双因素激励理论阐述了对人的激励因素主要包括工作表现机会、工作的快乐感和成就感、由于良好的工作成绩而得到的奖励、对未来发展的期望、职务上的责任感等。民办高校应结合辅导员的工作表现、学术研究、学生评价等综合考核结果对其进行相应的物质和精神奖励，从而建立激励机制，提高辅导员工作的积极性、主动性和创造性。

马克思说："'思想'一旦离开'利益'，就一定会使自己出丑。"所以，应该构建物质激励、精神激励和环境激励相结合的有效激励机制。首先，在物质激励层面，要提高民办高校辅导员的福利待遇，保证民办高校辅导员的物质生活能够与社会经济发展相适应。民办高校辅导员承担着大量的学生事务性工作，经常加班加点。他们的薪酬待遇应与工作强度、工作能力、工作绩效成正比。提高民办高校辅导员的福利待遇是缓解其职业压力最直接有效的途径。因此，民办高校必须切实地提高辅导员的福利待遇和经济地位，改善他们的生存环境和工作环境，在经济上对其工作予以肯定，肯定其劳动价值，在薪酬分配方面引入人力资源管理的理论，实现辅导员与专业教师同工、同酬、同地位，从而激发辅导员的工作热情。

民办高校可根据学校的发展方向及改革需求，建立有效的激励措施和保障机制，调动辅导员的工作积极性，切实解决他们在生活中的实际困难。

对民办高校辅导员的激励形式不能只停留在评比表彰上，还要通过制度构建其职业发展道路，使民办高校辅导员个人成长与职业发展相一致。精神激励有助于满足民办高校辅导员的精神需求，激发其工作动力。精神激励包括情感激励、职业发展、职位晋升、荣誉激励、培训深造等。在民办高校辅导员培训激励上，要从个体需求出发，制订全覆盖、多层次、有个性的培训方案，采取

多层次的激励方式，按照不同专业的需求，有计划、有组织地开展民办高校辅导员的专业素质和职业能力的培训，提高其理论素质与业务水平，并注入新的知识技能和活力，优化知识结构，增强其对工作的胜任力、驾驭力，从而预防民办高校辅导员因知识和技能的枯竭感、无力感而引发的职业压力。在环境激励层面，要从硬件和软件两方面着手，既要改善民办高校辅导员入住学生公寓的状况，也要改善其办公环境。要想缓解和调适民办高校辅导员职业压力，需要构建长期有效的激励机制。从精神、生活、经济待遇和工作环境上，充分调动民办高校辅导员对大学生思想政治教育工作的热爱、热情，提高其理论水平和知识能力，切实解决他们的实际困难，激发他们的工作自觉性、积极性和创造性，能够以强烈的责任感和事业心，做好大学生思想政治教育和管理工作。

建立科学的考评机制是调适民办高校辅导员职业压力的有效措施和重要保障。应在充分把握民办高校辅导员岗位职责、工作内容的基础上，遵循其工作特点与规律，通过"奖勤罚懒""论功行赏"的方式，对民办高校辅导员的业务水平和工作绩效做出客观公正的评价。

构建全面科学的考评体系来衡量民办高校辅导员的工作业绩，可以为今后对民办高校辅导员的激励、晋升提供可靠的依据。可从多个层面有针对性地对民办高校辅导员的工作进行考评，既要有学校管理层面对其工作的评价，还要有来自学生层面对其的评价，因为民办高校辅导员工作的直接对象是学生，所以学生对辅导员的工作最具发言权。笔者在调查中了解到，北京科技大学对民办高校辅导员考评机制进行了探索。某民办学校学生处抽取学生代表召开了专门的考评会，让民办高校辅导员直接向学院考评小组成员和学生代表汇报工作，并当场答辩，最后由考评小组及学生代表共同对该民办高校辅导员进行投票评价。这种民办高校辅导员公开述职的方式特别能考验辅导员的能力。面对学生，辅导员述职的每一件事都要确有其事才行，这样的考评方式比较有真实性。

考评要力求做到数量与质量、日常与重点、创新与常规、过程与结果的结合。要合理确定各项目权重比例，科学安排考核内容、标准与程序，坚持公平公正的原则，强调操作性、有效性。对于考评的内容要尽可能翔实，要能全面体现民办高校辅导员的知识素养、业务水平等综合考评指标；对于工作中的创新点要有附加奖励，并将考评结果与民办高校辅导员职称、级别、薪酬待遇挂钩。应对评选出的优秀民办高校辅导员给予一定的物质奖励。

民办高校辅导员的工作成果具有间接性、延迟性的特点，因此，既要制订一套完善的科学考评办法，还要正确把握定性和定量的考评关系，明确标准，减少随意性。可以采用定性、定量相结合的考核方式，既能结合学生的综合评价，又能体现民办高校辅导员的工作成效及工作差异。定性考核是从整体对民办高校辅导员工作的各方面进行概括性描述的考评过程，可以从德、能、勤、绩、效等方面进行。定量考核是具体的，可以根据民办高校辅导员工作职责设立量化指标，内容要具体，且要保证准确性和客观性。应重点从民办高校辅导员的工作态度、敬业精神、实际付出及学生的满意度等方面进行考核，减少即时性的显性量化考核指标。应充分考虑民办高校辅导员的岗位素质、专业能力、工作责任感、工作积极性等实际状况，以人为本地体现民办高校辅导员的工作实效，并得到公正公平的评价。在民办高校辅导员奖绩效考评中，应做好薪酬分配，体现优绩优酬、多劳多得原则，充分调动辅导员的工作积极性和主动性。

（四）加强队伍建设，拓宽民办高校辅导员职业发展路径

高校的重视与关怀是缓解民办高校辅导员职业压力的前提。民办高校辅导员在工作过程中将大部门注意力集中在学生身上，竭尽全力地为学生的思想问题排忧解难，但是对自身的关注少之又少，致使他们在长期的超负荷工作中感到压力很大。民办高校辅导员作为高校从事大学生思想政治教育的主力军，是落实教育教学任务的基层堡垒。应充分意识到民办高校辅导员工作的重要性，以及其在高校学生思想政治教育工作体系中发挥的特殊作用，然后制定相关配套政策和激励机制，从维护高校稳定的角度来重视民办高校辅导员队伍建设，切实提高其政治地位和生活待遇，最大限度地发挥他们的作用和优势，提高他们的职业成就感。

民办高校辅导员的核心工作任务是对学生进行思想政治教育，要求教育者要有效地向受教育者传达自己的意图，进而让受教育者接受，再内化为行动。马克思在《关于费尔巴哈的提纲》中指出，哲学家只是用不同的方式解释世界，而问题在于改造世界。这是马克思与其他哲学家的不同之处。多数哲学家的哲学停留在理论阶段，而马克思将哲学很好地应用于实践。民办高校辅导员队伍建设的发展也要经历三个阶段：实践—理论—再实践。当前大多数的民办高校辅导员处于第一个实践阶段，他们忙于学生日常事务管理和思想政治教育工作，没有理论层次的提升，只是一味地陷入实践，从而使其处于恶劣生态圈，产生职业压力。所以，在实践积累到一定程度时，必须上升到理论阶段，否则就会一直处于低水平的旋转阶段。

民办高校辅导员职业发展必须要从思想政治教育学科里汲取养分和精华，才能在指导学生工作的实践中动之以情，晓之以理。这个"理"很大程度上就是思想政治教育之"理"，是马克思主义理论之"理"。这是对民办高校在加强辅导员队伍建设过程中，要培养辅导员从实践阶段上升为理论阶段的必要性和重要性的体现。

目前，民办高校辅导员群体的学历水平越来越高，整体素质得到了一定的提升，民办高校辅导员队伍建设逐渐呈现出分层递进的结构体系。为切实提高辅导员的综合素质和岗位技能，民办高校要将专业培训和学历提高相结合，加强对辅导员的培养。对于辅导员工作中出现的"空竭时期"，可结合定期的分层培训与系统教育，或采用集中培训的方法，使辅导员的理论素质得到充实和提升，提高其职业指导能力和社会交际能力，构建完善的知识体系，从而合理推进民办高校辅导员骨干学位提升计划，拓展民办高校辅导员队伍的研修平台，提升民办高校辅导员的科研意识和能力。

高校是人才培养的重要基地，民办高校必须高度重视辅导员队伍建设，应切实采取措施，突出其重要的位置。首先，要规范选聘的任用，严把入口关，从源头上保证民办高校辅导员的质量。在选聘时，要选政治强、业务精、纪律严、作风正的人才，把热爱大学生思想政治教育事业、德才兼备的人员选聘到民办高校辅导员队伍中来。其次，要优化民办高校辅导员的素质结构，积极组织民办高校辅导员外出调研、参加实践、学习深造等，使其知识储备能够与当今的知识架构相匹配。最后，要采取适当的激励措施，关心辅导员的职业发展，建立相应的保障和流动机制，拓宽辅导员的职业发展渠道；应鼓励辅导员攻读相关学科的博士学位，支持他们考取与学生工作有关的职业资格证书。

职业发展不明是困扰民办高校辅导员的一大矛盾。笔者通过访谈发现，民办高校辅导员在思想认识方面存在两个误区：一是认为民办高校辅导员只是一份阶段性的工作；二是认为该工作的专业性不强。因此，民办高校要拓宽辅导员的发展路径，通过制度化的设计，明确辅导员的职业发展通道。首先，要制订民办高校辅导员队伍建设中长期培养计划，分层培养和建设民办高校辅导员队伍。其次，要帮助民办高校辅导员设定自身的职业生涯规划，为民办高校辅导员职业培训和学历提升提供保障。最后，国家应创造条件完善的分流机制，结合民办高校辅导员的工作实效和自身意愿，拓宽职业发展渠道，解决他们的实际发展难题，为他们减压增效。教育部颁发的《普通高等学校辅导员队伍建设规定》指出："专职辅导员可按教师职务（职称）要求评聘思想政治教育学科或其他相关学科的专业技术职务（职称）。"该规定为民办高校辅导员在职称评聘方面提供了政策激励机制保障，创造了良好的政策环境。目前，上海出台并实行了为民办高校辅导员量身定制的专业技术职务评聘办法，专设了"学生思想政治教育"职称序列，实行指标和评聘单列，民办高校辅导员与其他教师享受同等待遇。这一举措对民办高校辅导员职业压力起了很大的调适作用。

研究表明，当个人的发展目标与组织的目标一致时，就能实现个人与组织的双赢。对于能力突出的民办高校辅导员，应结合本人意愿，可以将其作为行政后备干部培养；对于专业素养深厚并且有志于从事专业教学工作岗位的民办高校辅导员，他们可以通过相应的考核程序，转岗到专业教学一线，建立分流渠道。传统模式下的民办高校辅导员工作已经难以满足学校提高人才培养质量的需要，只有明晰民办高校辅导员职业发展路径，建立健全分流机制，拓宽发展渠道，促进民办高校辅导员多元化发展，让民办高校辅导员体验职业的成就感，提升职业认同感，才能使他们更加热爱这份工作，不被职业发展压力所困。

民办高校要加强辅导员队伍建设，从态度和行动上营造尊重思想政治教育工作的氛围，重视和关心辅导员的工作，鼓励并支持辅导员结合工作实践开展学术研究，设立民办高校辅导员专项科研项目，设立思想政治优秀科研成果奖。民办高校应该鼓励辅导员用优秀的理论成果指导工作实践，用工作实践积累提升理论学术高度，探索和创新大学生思想政治教育的新思路和新方法，从而提升他们在本单位的职业威望和社会地位，增强他们的职业自豪感和成就感，使他们把学生工作当作一项有前途的事业来做。

三、营造家庭氛围

（一）发挥家庭情感支持功能，缓解职业压力

家是民办高校辅导员放松身心的场所，在家里，他们的工作劳累和压力能够得到一定的调节和释放。家是避风的港湾，能够满足人们的特殊情感需要。家庭成员能够给予民办高校辅导员情感支持，是其工作的坚强后盾。

家庭成员对民办高校辅导员的情感支持可以体现为对民办高校辅导员的工作肯定、情绪关怀、精神支持和家务分担等，其乐融融的家庭氛围能够缓解民办高校辅导员的压力。因此，应在家庭微观环境中努力营造和谐的心理环境，使家庭成员能够积极主动地配合、支持民办高校辅导员的工作，为民办高校辅导员全身心地投入工作提供坚实的后盾。比如，民办高校辅导员忙碌一天回到家后，一杯热茶、一句暖人的话语，即可消除他们一天的精神紧张和疲惫。在职场中，由于角色的期待和扮演，每个人都会有心情低落的时候，这种情绪可以通过家庭成员的鼓励和支持得以释放。又如，有的民办高校辅导员攻读博士学位，为了能集中时间和精力学习知识，对家庭的付出有限，如果没有家庭成

员的理解和支持，他们就很难完成学业，更难在工作上有出色的表现。所以，家庭成员的支持是工作的良好驱动力，要充分发挥家庭成员的情感支持功能，缓解民办高校辅导员的职业压力。

（二）营造和睦美满的家庭氛围，平衡工作和家庭关系

家庭作为社会的基本组织单位，和每个人都有着密不可分的联系。我国儒家文化倡导的"家和万事兴"是属于一种"大"的和谐思想。没有小家的和谐就不可能有事业的稳定和发展。因此，家庭和谐是保证工作稳定和发展的坚固基石，要使民办高校辅导员的职业压力得到有效调适，基本的落脚点就在于用心营造和谐家庭环境和和睦美满的家庭氛围。

和谐家庭是一个内涵十分丰富的概念，综合了心理、思想、道德、文化等复杂的社会因素。家庭的和谐首先表现为每个家庭成员的身心和谐，要保持身体与心灵的和谐。首先，要有健康的身体作为保障，才能达到内心的平静与和谐。从更高的层次来说，就是要心态平和，才能在家庭生活中体验到快乐和幸福。在保持身心和谐的基础上，家庭成员相互关系的和谐也是家庭和谐的重要表现。家庭成员关系主要体现为夫妻关系和亲子关系。夫妻能否和睦相处是家庭是否和谐的基本前提之一。夫妻双方要做到精神的同步成长，无论丈夫还是妻子，都要学会体谅对方，互帮互助、互敬互爱。夫妻双方可以有意识地多了解对方的专业知识，多一些理解，多一些体谅，如果志趣相同，那么夫妻冲突自然会减少。同时，要增加共同话题，善于发现对方的优点和爱好。夫妻能否互敬互爱、相濡以沫，能否在心理、生活的方方面面实现契合是夫妻和谐的重要表现。亲子和谐关系主要表现为长辈对晚辈人格独立、权利自由的尊重以及对晚辈的悉心培养教育，晚辈对长辈的感激与尊重。只有和谐的家庭关系，才会有一定的情感互补，才能最大限度地激发民办高校辅导员工作的内驱力，缓解其职业压力。

民办高校辅导员要提高自身的处事能力和修养，提高抗压耐挫力，增强自身的心理弹性，平衡好工作和家庭之间的关系；不要只顾工作，而忽略对家庭的责任；要了解家庭成员的需求，通过教育、疏导、沟通、交流等方式，缓解家庭成员的生活压力，扮演好自己在家庭中的角色，担负起在家庭中的责任，平衡好工作和家庭之间的关系，增进家人之间的情感交流，使家庭关系融洽，共同提高家庭成员的精神境界，及时化解由工作压力而产生的家庭矛盾。只有平衡好工作与家庭的关系，才能减少工作对家庭的冲突，缓解民办高校辅导员的职业压力。

四、提升个体素质

（一）提高自身综合素质，创新学生管理模式

从民办高校辅导员职业压力成因分析中可知，民办高校辅导员在自身职业发展里缺失话语权，导致民办高校辅导员职业发展缺乏可持续性和内生动力。

因此，民办高校辅导员应自觉提升自己的理论素养和水平，主动争取思想政治教育领域的学术话语权，掌握在职业发展中的话语权，加强业务学习，在提高自身综合素质的同时，提高工作的胜任力和适应力。

第一，要构建完善的知识体系，培养责任意识。注重理论学习与创新实践的结合，提高民办高校辅导员的理论素养和知识储备。明确所肩负的责任和使命，坚持以学生为本的理念，引导学生培育和践行社会主义核心价值观，开展理想信念教育、爱国主义教育、道德规范教育和素质教育。

第二，要不断积累专业知识，提高自身的文化素养。民办高校辅导员是教师和管理队伍中的重要一员，他们的综合素质和工作状态关系着高校人才培养质量。所以，民办高校辅导员要准确把握党的思想政治教育方针，学习社会核心价值观的内涵，为做好学生的思想教育工作奠定基础。同时，民办高校辅导员要掌握管理育人的新理念、新方法，通过不断学习，提高自己的工作能力和综合素质，提高对环境和社会的适应能力。

第三，要树立创新意识，提高自身的管理水平。民办高校辅导员的工作对象是青年大学生，这一群体是社会创新和追求时尚的活跃分子。民办高校辅导员只有与时俱进，懂得运用时代的新方式、新知识，才能真正融入青年学生，了解学生的真实思想和情感。民办高校辅导员可以通过观察、谈话，掌握学生动态。例如，通过微博、微信、QQ等及时关注学生的思想动态，建立有效的信息网络。对有异常的学生要密切关注，加强学校与家长的联系，对其进行帮扶，突破学生工作的时空限制，提高工作效率。只有这样，才能让思想政治教育融入学生的生活，真正发挥作用，达到育人目的。

民办高校辅导员也可以通过攻读博士学位提升自身的科研水平，培养终身学习的意识，以自身渊博的学识为学生树立榜样，从而做好学生健康成长的指导者和引路人。他们在提升理论知识水平的同时，还能给自身今后的职业发展提供更多机会和平台。

民办高校辅导员在创新学生管理模式方面，一方面，可以将管理权力适当下放，培养学生干部的能力素质，充分发挥学生干部的中坚力量与骨干特性，有效减轻额外工作。引导学生在日常学习、生活中自我管理、自我教育、自我

服务。另一方面，制定相关的管理制度对学生的自我管理进行监督，规范学生事务管理程序和要求，使学生工作信息化、网格化，确保学生工作效果，提升工作效率。

当前，教育部门和高校越来越重视大学生的合作学习，《礼记·学记》中便有"独学而无友，则孤陋而寡闻"的论言。民办高校辅导员要引导学生通过合作学习，养成合作、互助、协商、公正的品格。只有做好了权力下放，民办高校辅导员才能减轻工作量，工作效果也会更好。民办高校辅导员还应该强化对学生教育管理的科学研究，教育学生完成任务后积极总结各项经验。为此，他们在工作实施中应讲究高效技术方法，让学生能够受到科学的教育管理。

（二）增强心理调适能力，塑造健全人格

大千世界，人之不同，在于心态不同；心态不同，则角色不同；角色不同，人生就有了不同。态度决定一切，态度由心而生，个人的心态至关重要，它影响着个人的情绪和意志，决定着个人的工作状态和质量。所以，民办高校辅导员要拥有开朗的性格、开阔的心胸和敢于剖析自己的气度，要能够正确地认识自己，认识自己选择的职业，认识自己身上所肩负的责任，养成乐观、向上的人生态度，不畏艰险，对工作饱含热情，树立目标，制订规划，增强工作信念。

民办高校辅导员是引领大学生政治思想的人。民办高校辅导员要深入贯彻学习"三严三实"的精神，因为其自身素质的高低、工作作风的好坏直接影响大学生成长与发展。在大学生思想政治教育和日常管理工作中践行"三严三实"，可以使民办高校辅导员适应工作新常态，提升其工作新境界，确保自我价值的实现。民办高校辅导员要增强自我心理调适的能力，正确认识压力，采取积极的压力调适策略，增强抗压能力与技巧，把压力转化为动力；还要自觉调整自己，可以听听舒缓的音乐，或外出旅行放松心情等，把回避模式转向主动模式，把情绪定向应付转向问题定向应付，将压力的不适当应付转向一种更积极的应付方式。

民办高校辅导员要提高自身的心理素质和应对能力，具备良好的心理反应能力，并找到适宜的宣泄方式，保持爱心奉献的精神，只有在工作中将自我需要上升到精神追求层次，才能从中获得自我价值的实现；同时，要不断培育和践行社会主义核心价值观，把社会主义核心价值观融入大学生思想政治教育的全过程，不断加强文化自信，用文化的力量提高思想政治教育工作的吸引力和感召力。

民办高校辅导员在构建健全人格的过程中，一定不能脱离工作实际，应在

工作的过程中培养自己、锻炼自己、丰富自己、成就自己。马克思的人格思想理论突出强调的是人格的实践性，他认为，每个人的人格都不是与生俱来的，而是在生活实践中不断生成和建构的。

民办高校辅导员要将意志品质、爱好追求、理念情操融入实践工作，在工作中磨炼意志、砥砺品质；注重在工作中劳逸结合，积极锻炼身体，学会情绪疏导，维持良好的体能；学会积极寻求同事、领导、家人和朋友的支持，建立良好的人际关系，从而有效地化解压力，排除不良情绪对工作和生活的干扰；要有意识地远离职业压力带来的倦怠情绪，主动调整自己，增强自我心理调适能力，保持乐观的心态，充满正能量地迎接每一天，活出自我，活出意义。

（三）增强自我效能感，增加职业幸福指数

自我效能感被广泛地应用于心理学、组织行为学、社会学等领域，美国心理学家班杜拉对其定义是人们对自身能否利用所拥有的技能去完成某项工作行为的自信程度。[①]它是指个体在特定的条件和环境下，对自己是否有能力完成某一行为所进行的推测与判断，也是对自我行为的预期。自我效能感之所以如此重要，是因为它不仅影响活动和领域的选择，还影响个人的努力程度。它是个人对于能否圆满完成某一特定任务的信念，是调节和改变自我行为最重要的机制。国内外大量的理论和实证研究证明，民办高校辅导员的自我效能感对其教学行为及学生的思想有重大影响，对民办高校辅导员个人职业生涯的发展也有很大的作用。

当民办高校辅导员自我效能感较高时，他们对完成某项任务的自信心是比较高的，他们在工作中会表现得比较乐观和自信，勇于面对工作中的困难和挫折，敢于直面各种挑战。反之，当民办高校辅导员的自我效能感较低时，他们就会出现自卑的现象，遇事容易患得患失，经常进行心理自我暗示，觉得凭借自己的努力不能够很好地完成某项工作，于是望而却步。在面对同一项工作时，有人会竭尽全力，有人则不思进取。究其深层原因就是个体的自我效能感不同。所谓"一鼓作气，再而衰，三而竭"，自我效能感较低的人往往处于"再而衰，三而竭"的阶段。这种内心的压抑和挫败感影响了他们在工作中付出努力的程度，当遇到暂时的不顺和挫折时，放弃往往是他们的第一选择。

幸福是每个人所追求的。什么是幸福呢？美国教育家、芝加哥大学教授艾德勒说："追求幸福是我们的第一职责；对人公正，对整个社区公正，是我们的第二和第三职责。"幸福看起来是主观感性的，它的表现方式是心理的幸福

---

① 刘海峰．公平与效率：21 世纪高等教育改革与发展 [M]．福州：福建教育出版社，2003：88.

感。直观地理解，幸福就是得到想要得到的东西后的满足感。不同的人对幸福的感受和定义不同。常有人质疑他人"身在福中不知福"，其实也正因为他们感受到的幸福不同而已。大多数人认为身为大学教师的民办高校辅导员非常幸福，他们工作自由、人际关系简单、社会地位较高……实际上，这一职业并非如人们想得那么清闲、风光，背后有无数的辛苦。

主观幸福感（Subjective Well-Being，简称 SWB）是对个人和社会生活质量的整体性评估。适度减轻民办高校辅导员的职业压力，有助于他们从主观上感到幸福，有利于其职业的稳定性。

现在一般学者都认为，SWB 的基本结构包括积极情感、消极情感和生活满意感三个方面。民办高校辅导员的幸福感是一种高层次的幸福。基于对幸福的正确认识，民办高校辅导员在教育工作过程中，通过自己的不懈努力，实现自身和谐发展，以及职业理想而产生的一种自我满足、自我愉悦的生存状态。

第七章　民办高校辅导员职业能力建设

第一节　民办高校辅导员职业化分析

职业具有经济性、社会性、稳定性和专业性等特点。职业的经济性：一方面指职业劳动是为了获得经济报酬，以维持本人及家庭成员的物质和精神需要；另一方面指职业是社会分工的产物，必然会产生社会劳动和创造价值，如果不创造价值，职业就不会存在。因此，经济性是职业的根本属性。职业的社会性：一方面是指职业是随着社会分工的发展而不断出现的，任何职业都是社会分工中不可或缺的环节；另一方面是指社会离不开职业的发展，每种职业背后都反映了一定的社会关系，而且各种职业之间不是彼此分离的，都需要紧密合作，只有在分工和协作基础上才能使职业具有价值。职业的背后是不同职业人员之间相互联系、相互服务的一种社会伦理关系。职业的稳定性是指职业是社会分工的产物，任何一种职业都具有独立性和唯一性，一种职业不能被轻易取消，只会随着社会分工的发展而逐渐被替代和消亡。因此，职业在一定的历史时期具有相对的稳定性与连续性。职业的专业性：一方面是指劳动分工是职业发展的基础，因此，每种职业都要具有一定的区别于其他职业的专业技术；另一方面是指职业具有一定的行业规范与职业准则，具有一定的专业性。

一、职业的内涵与特征

"职业"从词义的角度看，是由"职"和"业"构成，"职"是指职位、职责，"业"是指行业、事业。《中华法学大辞典》将"职业"定义为"劳动者为了获得维持本人及家庭生活需要的费用，通过劳动发挥个人才能并为社会做贡献的连续活动的场所和工作"。《统计大辞典》将"职业"定义为"劳动者能足够稳定从事的赖以生活的工作"，同时，认为分工是职业产生的基础，只有劳动分工的发展才能使一般工作变得丰富与发展，也只有劳动分工的发展，才能使劳动者能稳定地从事一项工作，从而使这项工作变为一种职业。[①]《现代汉语大辞典》对"职业"的描述是，"职业是个人服务社会并作为主要生活来源的工作"。此外，不同专家学者对"职业"内涵也进行了不同的诠释。例如，中国职业规划师洪向阳对"职业"的定义为"职业是行业与职能的交集点"。一种职业应有行业和职能两个维度，即职业 = 行业 + 职能。[②] 程社明指出："职业是参与社会分工，利用专业的知识和技能，创造物质财富和精神财富，获得合理报酬，满足物质生活、精神生活的工作。"[③]2022 年 7 月，人力资源社会保障部向社会公示了新修订的《中华人民共和国职业分类大典》，包括大类 8 个，中类 79 个，小类 449 个，细类（职业）1636 个。

二、民办高校辅导员职业化的内涵与特征

民办高校辅导员职业化内涵主要是指以大学生日常管理工作和大学生思想政治教育为主要工作的民办高校辅导员，通过长期从事民办高校辅导员工作所形成的独特的知识、技能、观念、思维、态度、心理的状态或者过程。具体而言，民办高校辅导员职业化既指民办高校辅导员工作成为一项长期稳定并得到社会认可的职业，亦指民办高校辅导员通过专业化的培养和管理，不断形成适应本职业的职业素养、行为和规范的过程，也指民办高校辅导员通过合理的职业发展，终身从事本职业的过程。

（一）职业化的内涵

目前，关于职业化内涵的理解还没有权威的定论，存在两种观点，概括如下。第一，侧重从职业的形成与发展的角度对职业化进行解释。例如，郭宇强认为，职业化是指职业的形成与发展过程，是职业的各项管理机制、知识与技能体系的形成、发展与完善的过程。[④] 尹保华认为，社会工作职业化一般是指在满足人类特定需要基础上的社会工作活动被社会认定为是一种专业的职业领域或者专业化发展的过程。[⑤] 赵曙明认为，职业化是指普通的非专业性职业群

① 郑家亨. 统计大辞典 [M]. 北京：中国统计出版社，1995：926.

② 王益英. 中华法学大辞典（劳动法学卷）[M]. 北京：中国检察出版社，1997：400.

③ 苑茜，周冰，沈士仓，等. 现代劳动关系辞典 [C]. 北京：中国劳动社会保障出版社，2000：21.

④ 郭宇强. 工会工作职业化的一个分析框架 [J]. 中国劳动关系学院学报，2008(5)：4.

⑤ 廖鸿冰. 职业化取向的社会工作专业教育探索 [J]. 湘南学院学报，2016(3)：87.

体逐渐符合专业标准，成为专业性职业并获得相应的专业地位的动态过程。①可见，这种观点关注的重点是"非职业"向"职业"，"非职业化"向"职业化"，"非专业化"向"专业化"，"专业性较低"向"专业性较高"等不断转化发展的过程。第二种观点侧重从管理学的角度选择职业化。这种观点是把职业化看作一种管理方式或者管理思想，研究对象更多的是针对某些行业或者组织的管理问题。从以上对职业化的内涵分析可见，虽然研究角度、研究对象不同，对职业化的诠释也不同，但从总体上看，不同观点之间存在相互的关系。笔者认为，职业化主要指一种工作状态的标准化、规范化和制度化，是组织管理从低级向高级不断发展的过程，是员工在知识、技能、观念、思维、态度、心理上不断符合职业规范和职业标准，由非职业化向职业化转变的过程。

（二）职业化的特征

根据职业化的内涵与特征，分析民办高校辅导员职业化的特征主要体现在以下方面：①专业化特征。民办高校辅导员专业化主要表现是民办高校辅导员成为一种独立、稳定和对口的职业，即有专业的培养制度和管理制度，有相应的社会地位和经济地位，有相应的职业素养和职业能力，有共同的价值追求和行为规范，有专业的行业协会和组织。民办高校辅导员职业专业化不仅是一种认识水平，还是一种实践过程；不仅是民办高校辅导员的职业范式，还是民办高校辅导员终身学习，实现价值追求的自觉过程。依据利伯曼"专业化"标准的定义解释，民办高校辅导员职业的专业性体现在以下几方面：一是指要明确民办高校辅导员职业范围，使民办高校辅导员职业成为不可缺少的职业；二是指民办高校辅导员要以合理的知识结构为基础，不断探讨与发现民办高校辅导员工作的规律性和科学性，使其成为一种具有高度理智性的工作；三是指民办高校辅导员的从业人员要具有一定的专业技术并经过长期的专业教育培训；四是无论民办高校辅导员个人还是整个团队都要具有广泛的自律性，尽职尽责地做好民办高校辅导员本职工作；五是指民办高校辅导员在自身职责范围内，要对自己的行为负责，实现权责统一；六是指民办高校辅导员职业不以营利为目的，而是以教育、管理、服务学生为目的，使大学生成为中国特色社会主义的建设者和接班人。②规范化特征。职业规范化主要指每种职业都有自身的既定标准和规范要求，任职者要胜任该项工作必须具备相应的资格与条件。这些资格与条件是对组织中各类岗位，某一专项事物或某类员工的劳动行为、岗位规

---

① 秦朝钧，冯方，邹文娜.职业化养成理论与实践[M].武汉：华中科技大学出版社，2009：11.

范、岗位规则、岗位素质要求等所做的统一规定。总体而言，职业化是行业发展成熟度的重要表征，是社会发展的必然趋势。

三、民办高校辅导员职业化与专业化的关系

民办高校辅导员专业化和职业化看似是两个不同的问题，但二者之间是紧密相连、不可分割的。李永山认为，民办高校辅导员专业化是指对民办高校辅导员内在知识、技能和素质的要求，侧重民办高校辅导员的培养、培训和业务发展，是职业化的基础；而民办高校辅导员职业化是指岗位外在的要求和条件保障，侧重民办高校辅导员队伍的激励和长期的发展，是专业化的前提和可持续发展的保障。[1] 冯刚认为，专业化是对岗位从业人员的内在素质要求，侧重队伍的培养，是职业化的基础。职业化是对岗位的外在要求，侧重队伍的激励和发展，是专业化的前提。没有专业化，队伍的素质就会参差不齐，其职业化水平必定不高；没有职业化，不能形成专业知识和技能的要求，专业化的具体内容也就无从谈起。职业化要靠专业化推动，专业化是职业化深入发展的动力。只有在专业化建设的基础上，才能更好地去规划民办高校辅导员队伍的职业化发展。[2] 王树荫认为专业与职业、专业化与职业化的关系，大体上可以用如下的思路来概括：专业（学科）—职业（工作）—专业化（工作专业化）—职业化（事业）—专家队伍，即让那些接受专业培养或经过岗前培训的人员去从事大学生思想政治教育工作，他们在经过工作实践锻炼和继续教育后，会使民办高校辅导员工作业务逐步实现专业化；随着职业资格和职业理想的养成，一部分人视民办高校辅导员工作为事业，并逐步走上职业化道路。[3]

第二节 民办高校辅导员职业认同分析

对民办高校辅导员职业认同的结构做出理论构建之前，必须厘清民办高校辅导员职业认同概念的内涵。如果从语义上分析，"民办高校辅导员职业认同"这个概念的核心内涵是"认同"。"认同"是一个相当复杂的术语范畴，源于心理学的精神分析，在心理学、社会学和化会心理学领域被广泛运用，因

---

① 李永山. 高校辅导员专业化, 职业化的基本问题 [J]. 合肥工业大学学报: 社会科学版, 2008(6): 5.

② 王海涛. 民办高校辅导员职业化研究 [M]. 重庆: 重庆大学出版社, 2021: 34.

③ 王树荫. 论高校辅导员队伍的专业化与职业化 [J]. 思想教育研究, 2007(4): 5.

此，产生了丰富的内涵。

一、民办高校辅导员职业认同的内涵分析

认同是个体心理过程，具有社会性、可塑造性和可共存性等基本特点，其重要表现形式是对某群体的长期承诺；认同具有层次性。

基于对认同的认识，民办高校辅导员职业认同也是一个心理过程，必然会表现为对民办高校辅导员职业的认知、情感、信念、意志和具体行为，从而表现出特有的行为模式。民办高校辅导员职业认同既可以是个体概念，也可以是群体概念。体现个人对民办高校辅导员职业认同的是个体认同，主要表现为个体间的差异性；体现群体对民办高校辅导员职业认同的则是集体认同，主要表现为民办高校辅导员群体职业认同的总体状况，表达出群体的某些相似性。民办高校辅导员职业认同也具有社会性、可塑性和共存性等特点，是可以通过个体和组织采取对策共同提升的；组织承诺或离职倾向性是衡量职业认同程度的一个重要指标。民办高校辅导员职业认同可分为两个层次，即自我认同和社会认同。自我认同反映的是个体对职业的认同；社会认同反映的是社会对职业的认同，体现在民办高校辅导员职业的社会声望上。

二、民办高校辅导员职业认同的主体与客体

马克思主义认为，如果从人的活动中去考察人与世界的关系，就具有主体和客体两个哲学范畴。主体是指从事社会实践活动和认识活动的人，实践的主体可以是个人，也可以是集体；客体是指实践活动和认识活动所指向的对象，可表现为自然形式、社会形式和精神形式。

民办高校辅导员职业认同的产生和形成与社会实践紧密联系，是民办高校辅导员在从事学生工作实践活动中发生的。根据马克思主义哲学的主客体观，职业认同的主体是个人主体的"我"，民办高校辅导员职业认同的主体为民办高校辅导员个体。

作为认同客体的民办高校辅导员职业与作为认同主体的民办高校辅导员个体之间的关系非常密切。民办高校辅导员职业是民办高校辅导员个体所从事的职业；民办高校辅导员个体是从事民办高校辅导员职业的人，是民办高校辅导员群体中的一员；民办高校辅导员是民办高校辅导员个体的一种社会角色。因此，民办高校辅导员个体内化了的职业角色是民办高校辅导员职业认同的客体或对象。

职业是参与社会分工，利用专业的知识和技能，为社会创造物质财富和精

神财富，获取合理报酬作为物质生活来源，并满足精神需求的工作。职业具有社会性、规范性、技术性和时代性等特征。民办高校辅导员职业必然具有其特有的社会价值、职业道德规范、知识和能力。因此，民办高校辅导员个体对民办高校辅导员职业的社会价值所要求的职业道德规范、从事该职业应具备的知识和能力也应该认同，这些也是民办高校辅导员职业认同的客体。

作为认同对象，民办高校辅导员职业具有的社会价值、职业道德规范，从事该职业应具备的知识和能力，以及作为民办高校辅导员职业个体所内化的职业角色与民办高校辅导员个体之间具有非常密切的关系，民办高校辅导员职业认同应该属于自我相关客体的认同。

三、民办高校辅导员职业认同的结构成分

认知、情感、意志、信念和行为既是人类活动的基本表现形式，也构成了社会存在的完整系统，他们既相互独立运行于人的观念与实践，又统一于每个不同的个体而显现出的人格和素质的巨大差异。从一般意义上说，认知、情感、意志、信念都是内在因素，而行为是外在表现，他们共同反映了人的完整性和差异性。因此，民办高校辅导员职业认同是一种与职业相关的积极的态度、信念和行为，包含认知、情感、意志、信念和行为。

民办高校辅导员职业认同包含认知成分。一方面，从语义上来看，无论是汉语中的"认同"，还是英语中的"identify"，其基本含义都与主体对客体的"认可""承认""接受"等有关，而主体要"认可""承认""接受"客体，必然是以主体对客体的认识、理解为前提和基础，即"认同"包含主体对客体的认知。另一方面，从心理学中对"认同"内涵的研究来看，认为"认同"包含认知成分。

美国心理学家梅耶将职业认同分为职业的情感认同、规范认同和持续认同三个维度。他认为，持续认同指个体因离开某一职业必须承受某种成本和代价而不得不继续从事该职业的感知，体现出其职业意志。[①]从工作实践层面来看，民办高校辅导员职业具有劳动时间跨度大的特点。与高校其他教职员相比，他们往往还要在个人休息时间甚至法定休息日，根据学生或工作需要开展工作。这种工作方式容易引发工作与家庭冲突，由此，可以体现出其坚强的职业意志。

民办高校辅导员职业认同包含信念成分。荷兰学者科瑟根从职业认同采用

---

① 王海涛.民办高校辅导员职能化研究[D].武汉：武汉大学，2019.

的形式进行了界定，他认为，职业认同常采用格式塔的形式，关于需要、形象、感觉、价值、角色模型、先前的经验和行为倾向的无意识的整体，共同创造了一种认同感。[①] 这个格式塔会影响信念、能力和行为等外在的层面。基于国家对民办高校辅导员的政治要求及肩负的职责与使命，民办高校辅导员职业信念应包含政治信念和职业价值信念等内涵。民办高校辅导员的职业认同是从情感层面上升到信念层面的，他们既对中国特色社会主义道路、理论和制度充满自信，发挥了示范作用，也对能促进大学生成长成才的职业价值充满信心。民办高校辅导员职业认同包含行为成分。樊义红将认同分为两类，即本质主义的认同论和构建主义的认同论。本质主义的认同观强调对一种实在、稳定、连续的事物的归附冲动和行为。建构主义的认同观强调认同的建构性、变化性、差异性等特征。[②] 强调建构，意在突出认同具有一种人为的实践性。无论本质主义的认同论，还是构建主义的认同论，都强调了行为的重要性。职业认同的行为成分既包括外显的具体职业行为，也包含内隐的行为倾向性。

四、民办高校辅导员职业认同的结构

对职业认同结构的理论构建，一般有两种视角：一是根据职业认同主体所包含的心理过程或心理成分来构建；二是根据职业认同客体所包含的不同方面来构建。综合两种视角对民办高校辅导员职业认同的理论结构进行构建，即根据民办高校辅导员职业认同的心理成分及其认同客体来分析职业认同所包含的成分，在此基础上，进行民办高校辅导员职业认同结构的建构。

在职业认知方面，认知的内涵包括职业角色（身份）、职业价值、知识、能力、职业道德。教育部颁发的《普通高等学校辅导员队伍建设规定》中提道："辅导员是高等学校教师队伍和管理队伍的重要组成部分，具有教师和干部的双重身份。高校辅导员是开展大学生思想政治教育的骨干力量，是高校学生日常思想政治教育和管理工作的组织者、实施者和指导者。辅导员应当努力成为学生的人生导师和健康成长的知心朋友。"该规定明确阐释了高校辅导员的职业角色（身份）和职业价值。如果用哲学语言来表达民办高校辅导员的职业价值，那就是，民办高校辅导员是学生意义世界建构的引导者和观照者，也是民办高校辅导员职业角色的核心价值。民办高校辅导员具备思想政治教育相关学科的宽口径知识储备，具备较强的组织管理、表达、教育引导和调查研究

---

① 张伟峰.高校教师认同、组织承诺及其关系研究[D].天津：天津师范大学，2010.

② 樊义红.从本质的认同到建构的认同论[J].武汉科技大学学报：社会科学版，2012，14（2）：5

等能力。民办高校辅导员经过多年的知识积累和教育工作实践，基本都具备比较完善的知识结构和高尚的道德修养。民办高校辅导员职业道德要求如下：政治坚定、师德高尚、业务专精、爱岗敬业、矢志育人。因此，职业认知包含职业角色、职业知识、职业能力和职业道德等内容。

职业情感包含职业自尊感、职业归属感等内容。职业自尊感反映的是民办高校辅导员的社会角色感受和体验。该职业是否得到社会，特别是全体教职员工的尊重，体现出其社会价值和重要性的大小。职业归属感反映的是民办高校辅导员个体对集体在思想上、心理上、感情上产生了认同感、安全感、公平感、价值感、荣誉感和使命感等。

归属感的形成是一个复杂的过程，职业归属感一经形成，将会使民办高校辅导员产生内在自我约束力及强烈的责任感，调动自身的内部驱动力，进而形成自我激励。

职业信念包含政治信念、职业价值、职业化发展等内容。党和国家对民办高校辅导员提出了明确的政治要求，即必须是中国共产党党员身份，必须对中国特色的社会主义道路、社会主义理论和社会主义制度充满自信，这是教育、引导大学生成为社会主义事业建设者和接班人的根本。民办高校辅导员必须树立明确的职业价值观，要充分认识并确认民办高校辅导员工作对学生成长成才具有重要作用，能够帮助和指导学生构建价值体系。

职业意志包含职业承诺、职业挫折应对、职业倦怠克服和离职意愿等内容。职业意志是指人们在职业实践过程中所表现出来的克服困难的毅力和坚持不懈的精神。它表现为持之以恒的自觉性和忠于职守，以及面对职业挫折时的积极应对。职业意志坚定的人在遇到职业挫折时，往往会通过学习或寻求帮助去努力解决，克服困难，表现出对职业的承诺；而职业意志不坚定的人往往会选择逃避，甚至产生离职的想法。

职业行为包含要求行为、额外行为。要求行为是指民办高校辅导员表现出完成工作任务、履行职业责任必须实施的行为，通常表现为认真对待职责范围内的事情，按时保质保量地完成任务；能够根据学生学习生活特点主动开展工作；能够接受新的或富有挑战性的任务等。额外行为是指民办高校辅导员个体表现出没有在职业责任中明确规定但有利于提升工作效能的行为，通常表现为主动学习知识、提升工作技能和借鉴他人工作方法，从而提高工作质量。

第三节　民办高校辅导员培养的路径分析

一、优化培养模式

教育部、省市教育管理机构应该定期组织骨干民办高校辅导员参加培训，加大"专业素质和专业能力"的培训力度，不断强化思想政治教育与学生管理的研究意识，切实提高科研能力，使各校都有一批专家型、学者型的民办高校辅导员。对于其他民办高校辅导员，则要在领导管理素养、研究素养、组织协调能力等方面加大培养和培训的力度，为民办高校辅导员的发展提供智力和技能支持。

据调查分析，目前我国民办高校辅导员多数为各自学校选留的本科或硕士毕业生，主要依据具体分管学生工作的院系领导或辅导员的推荐。同时，我国高等学校对民办高校辅导员的岗位认定，既是高校教师（可以定为专业技能岗位），又是专职的大学生思想政治工作者，或者说是学生事务管理者（可以定为党政管理岗位）。具体到每一个民办高校辅导员个体的岗位确定，则是由民办高校辅导员工作承担者自己选择。主要目的在于让每位民办高校辅导员都能够根据自己的主观意愿和未来发展进行选择。

目前民办高校辅导员任用和岗位确定虽然主观意图良好，但是职业分类和专业属性都难以明晰。有些学校以兼职为主，民办高校辅导员的归属感就更加模糊。根本之策就在于必须加快民办高校辅导员队伍的专业化和职业化建设进程，明确民办职业分类和专业属性。这不仅是选聘民办高校辅导员和上岗培训的需要，还是民办高校辅导员考核和培养的需要，更是为了适应不断强化思想政治教育研究与学生管理工作创新，提高研究能力并培养一批专家型、学者型民办高校辅导员的发展趋势。

专业属性应该归为马克思主义理论一级学科及所属的思想政治教育二级学科的教师。具体来说，其职业分类是高校教师，专业属性是思想政治教育。唯有如此，才能使民办高校辅导员的选聘、考核、使用、培养等专业属性更加明确，职业发展和职称晋升的路径更加畅通。

早在大多数高校的马克思主义学院没有设立马克思主义理论一级学科，而是将"马克思主义理论与思想政治教育"作为一个专业名称，归为政治学所属的二级学科之时，同济大学已经发文称其将对本科毕业选留担任大学生民办高校辅导员工作者进行培养和发展，鼓励在职并以优惠政策吸引其到"马克思主义理论与思想政治教育"专业攻读硕士学位，学科或专业的归属非常明确。在民办高校辅导员培养和攻读学位的过程中，课程设计和考核要求比现行的"思想政治教育"专业有所更新，增加了应用性较强的"组织管理""法律基础""学生工作""青年心理学"等方面的知识学习，并可以考虑取代原有的纯粹理论课程的学分。在职学习的民办高校辅导员，尤其需要注重实践经验和工作相关的课程设计及考核，如以"学生工作日志""学生活动分析""学生思想和心理疏导小结""学生事务管理案例集成"为实践课程的考核。

另外，在明确民办高校辅导员职业分类和专业属性的同时，应当努力拓展民办高校辅导员职业体系之外的发展空间，或者说外部环境。通常而言，能够担任民办高校辅导员这一职业的工作者，都有一定的经验积累、素质要求，擅长与青年人打交道，而不是单纯考量其专业技能的精湛和理论研究的精深。因此，在职业转换的过程中，应该更多地思考如何发挥其在思想工作、事务管理、活动组织及人际交往等方面的特长。从调查的情况来看，虽然有的民办高校辅导员在工作一段时间后转岗成为较高水平的专业技术人才，但是走向党政管理工作甚至主要领导岗位的占大多数。事实表明，我国民办高校辅导员在体系之外的发展空间不但非常可观，而且路径和方向也可把握。只是由于每一个体的选择不同，导致结果差别较大。根据现代管理学的人力资源开发理论，人才成长过程中个体差异的存在是正常现象，并在很大程度上决定着人才的发展及目标。换句话说，对于民办高校辅导员的成长和发展而言，外部环境及学校培养固然重要，但是能够产生的影响有限，更非决定性因素。

由于民办高校辅导员岗位的职业分类实际上处于游移不定的状况，所以学校对他们的培养尤其需要重视选聘、考核的规划和管理。一方面，应该注重民办高校辅导员在岗时期的培训和考核，以及在鼓励自我学习和知识更新的过程中，充分考虑今后可能发展的职业方向；另一方面，民办高校应该为辅导员提供明确指向甚至指导意见，使辅导员对自己的职业发展有比较清晰的认识和把握，还应该让社会各行各业充分了解民办高校辅导员的特长和优势。

二、拓宽职业空间

只有职业化才能确保民办高校辅导员队伍的稳定。随着我国社会经济的不断发展和高等教育改革的不断深化，当代大学生在学业、心理、生活、就业等方面的需求越来越多样化。因此，迫切需要从创新人才培养的战略高度来认识大学生思想教育工作，进而建立民办高校辅导员职业化机制。只有通过民办高校辅导员队伍的职业化和专业化建设，才能吸引大批优秀人才投身其中并成长为思想政治教育工作的专家。为此，教育管理部门和各个高校都要想方设法并主动积极地引导那些热爱学生工作、具有研究能力的民办高校辅导员走职业化发展之路，为他们搭建广阔的能够塑造和成就职业型、专家型大学生思想政治工作者的舞台。

只有努力拓展民办高校辅导员的职业空间，并让其在长期的职业生涯中不断得到发展、提高，才能使大多数民办高校辅导员对自己所从事的职业拥有归属感，进而获得成就感。民办高校辅导员可以成长为教授、专家型民办高校辅导员，与学术型教授、专家享有同样高的荣誉，受到社会的尊敬。

同时，民办高校辅导员应像其他教学、管理人员一样，有"升迁"机会。首先，民办高校要把辅导员队伍作为党政后备干部培养和选拔的重要来源，在进行党政职能部门在聘任干部时，应当优先从适合并愿意从事党务工作、行政工作的辅导员中选拔；其次，民办高校要将辅导员队伍建设纳入整体的人才培养、选拔、使用规划，实施辅导员转岗绿色通道计划，根据个人条件、志向和科研、教学能力，将一些不合适与学生打交道而又有强烈专业倾向的民办高校辅导员转岗到教学或科研岗位，让他们施展才华，在教学科研领域成才；最后，民办高校还需要考虑和设计与社会人才交流的"立交桥"，对部分自己愿意、社会需要的辅导员，民办高校应该通过各种途径，推荐他们走向社会这个更广阔的空间寻求发展。

三、明确工作职责

（一）实施双重领导制

民办高校辅导员队伍要实行学校和院系双重领导制，明确双重责任。学校党委应当统一规划民办高校辅导员队伍建设，党委书记和校长是加强民办高校辅导员队伍建设的第一责任人，对分布在各个院系的民办高校辅导员实施统一领导和管理，学校学工部负责具体实施。各个院系党委（党总支）对所辖的民办高校辅导员进行直接管理和领导，负责做好本院系民办高校辅导员的日常培养、管理和考核工作。

（二）完善规章制度

高校要在以"思想政治教育为核心，以学生的发展为主导，以学生事务管理为基础"为前提下，制定《专职民办高校辅导员的任职规定》《民办高校辅导员工作条例》《民办高校辅导员工作日志制度》《民办高校辅导员工作考评指标体系》等工作条例，以规范民办高校辅导员工作。要建立健全工作例会制度、工作计划和总结制度、班集体活动制度、学生考勤制度、跟班听课制度、工作情况记录制度、学生公寓值班制度及与学生谈心制度等，使民办高校辅导员工作有章可循。

（三）尊重民办高校辅导员权利

高校应当允许民办高校辅导员在工作范围内，具有相对独立的、自主的话语权和处理事务的权利，尊重民办高校辅导员的创造性劳动，尽可能减少其他非专业部门和人员对民办高校辅导员工作的干预。民办高校辅导员有权对自己的工作进行统筹规划，形成一套具有自身特色的对学生教育、管理、辅导的言语和行为方式，学校应当以制度的形式将民办高校辅导员的权利确定下来。

（四）理顺职能关系

学校应成立学生工作指导委员会，以便划分各职能部门、人员的责任与任务，规范相关事项，沟通与协调工作程序，减轻民办高校辅导员事务性工作负担。例如，学生公寓的公共卫生及社会公德情况应由校委会负责检查记录，一般性的违纪事件由校委会处理，对于严重违纪事件以及屡教不改的学生，也是由后勤管理处及时与学生工作机构沟通并协商处理，严重危害公共安全的事件交由保卫处负责依法处理。在这些工作中，民办高校辅导员应作为学生权益的保护者和教育者参与进来，这样才能真正把民办高校辅导员从直接的、繁杂的事务工作中解放出来，扮演好思想教育者的角色。

四、完善考评机制

为了充分调动民办高校辅导员工作积极性，我们已经提出了一个可以参考的评价指标体系。但是，随着我国高等教育的不断改革和发展变化，任何评价的指标体系都不可能是一成不变而又无限适用的。这里需要强调的是，不断完善的考评指标体系，应当关注的一些重点内容。

（一）完善考评指标体系

1.民办高校辅导员基本素质

首要是政治素质，包括是否具有正确的政治立场、较强的政治敏锐性，尤其是在重大问题上，是否与中共中央的思想路线、改革方针、新的理论发展和政策保持一致；其次是思想素质，主要包括具有自觉的学习态度、良好的思想道德修养、工作责任心、奉献精神等；最后是能力素质，主要包括不断提高观察、分析、果断机智处理突发事件的能力，班级管理与党团建设的能力，与学生沟通的能力和实践能力，以及对工作反思、研究、探索、总结与创新的能力。

2.民办高校辅导员工作职责

主要包括对大学生的思想政治教育、班级管理、骨干培养、党团组织建设、学生评优评奖和违纪处理、学生就业教育与指导、学生心理健康与安全教育、贫困生帮扶资助、学生学习和活动秩序维护、学生突发事件处理、学风建设、社会实践活动组织、学生工作研究等，也会有经常变化和需要适应的过程。

3.民办高校辅导员工作绩效

随着形势的发展和评价因素的变化，民办高校辅导员的工作绩效不能与工作好坏完全等同，今天的绩效亦不等同于明天的成绩。为方便比较，可以列出一些相对、可比、定量的考评指标，如学生申请入党情况、学生日常行为违纪情况、学生考研情况、学生考试成绩情况、优秀学生获得奖励情况、学生科技创新活动情况、学生宿舍建设情况、集体活动学生贡献情况、有无重大事件发生、所带班级是否荣获先进集体情况等，供考评参考。

4.考评的加减分项目

这是一个难以规定的指标，如参加学生工作理论研究论文获奖情况、教学获奖情况、工作创新情况、有无工作差错和事故、有无非学生工作原因受到记过及其以下处分，都应随时随地加以公开且合理调整。

（二）完善考评方式

1.完善工作日志

创建《民办高校辅导员工作日志》等，记录民办高校辅导员日常工作过程中的具体事务，弥补年终"一次性总结"考核机制的不足。要通过召开座谈会、填写问卷、网上评议、民办高校辅导员述职、学生打分等形式，建立和完善民办高校辅导员考评范式。将平时考核与年终考核相结合；领导（部门）考核与学生评议相结合；定性考核与定量考核相结合；考核结果与待遇相结合。

2.规范考核程序

第一，学校职能部门要制定并颁布关于民办高校辅导员年度工作考核办法，明确考核时间与要求。

第二，学校或学院组织学生对民办高校辅导员进行评价，包括问卷式、座谈式和个别访谈。

第三，相关职能部门对民办高校辅导员工作进行评价。

第四，民办高校辅导员进行工作小结。

第五，学院组织民办高校辅导员进行工作交流，并组织同行互评。

第六，考评组进行综合评定，确定考核等级。

第七，公示考评结果。

第八，经过公示没有异议后反馈个人，并上报给学校和相关职能部门。

第九，根据考核结果进行必要的奖惩。

各个学校必须加大考评结果在职务聘任、津贴发放、各类评比中的使用力度。考核优秀的民办高校辅导员可以提前晋升；考核不合格的民办高校辅导员要实施待岗制、下岗学习、离职分流等方法予以调整，对因工作失职造成损失者，按相关规定追究责任，充分发挥考核效力。

五、增强民办高校辅导员的职业荣誉感

（一）开展评优表彰活动

各省市教育厅（局）、高等学校工作委员会应设立"高校思想政治工作创新奖"，每两年表彰一次，包括民办高校辅导员队伍建设在内的高校思想政治工作创新单位，制定《优秀民办高校辅导员评选细则》，通过评选和定期表彰省市"十佳百优民办高校辅导员"等形式，组织"十佳民办高校辅导员"到各个高校进行巡回报告，增强民办高校辅导员的荣誉感。民办高校应积极开展"优秀民办高校辅导员"创建和评比活动，将优秀民办高校辅导员纳入学校优秀教师、优秀教育工作者表彰奖励体系，每年评选一次。在向优秀民办高校辅导员颁发获奖证书的同时，应加大物质奖励力度，并对他们的事迹进行广泛宣传，增强他们爱岗敬业的热情和创业的信心。

（二）经济上给予适当的补贴

鉴于民办高校辅导员的工作性质，应给予他们适当的经济补贴。比如，学生病了，民办高校辅导员对他们进行看望；出现突发事件时，需要及时与学生通讯交流，在现场与领导联系汇报，这都给工资不高的民办高校辅导员带来了经济上的负担。辽宁省按财政隶属关系，规定每月给民办高校辅导员200元工作补贴，以示学校对他们的关心与支持。

（三）实行弹性工作模式

目前，民办高校辅导员早晨要查早操，白天要"坐班"，晚上要整理学生入党、奖惩、社会实践总结材料等，节假日还需加班。民办高校应当根据辅导员的工作特点实施弹性工作模式。不要求每天必须按时坐班，而改为"白天轮班、设立个性化固定辅导时间、保证针对重大教育活动及重点辅导对象的工作时间"的弹性工作模式。当然，这种工作模式需要严格的考核制度来保证。

（四）关爱兼职民办高校辅导员

对于专业课教师兼任民办高校辅导员的情况，应当按照一定的比例折算成教学工作量。兼职民办高校辅导员完成一定聘期（2～4年）的工作后，学校应给予他们半年到一年的学术进修时间，以弥补他们担任民办高校辅导员工作期间可能对教学和科研投入时间较少的情况。

（五）实行双重身份管理

民办高校辅导员既是教师又是管理干部，具有双重身份，学校要按照双重身份给予民办高校辅导员"双线晋升"的优惠待遇，尤其要解决好民办高校辅导员的职称评聘问题。要根据民办高校辅导员岗位职责，制定职称评审标准和实施细则；要实行指标单列、序列单列、评审单列；要按学校统一的教师职务岗位结构比例，合理设置专职民办高校辅导员的教师职务岗位。在评审中，要充分考虑民办高校辅导员工作特点，注重考核其思想政治教育工作的业绩，特别是在关键时刻的表现。

我们理应把民办高校辅导员队伍建设作为加强和改进大学生思想政治教育的关键措施来抓，通过一系列的制度设计与创新，保证民办高校辅导员队伍建设不断向职业化和专业化方向发展。

第八章　民办高校辅导员职业能力提升的应对措施

在新时代背景下，民办高校辅导员职业能力提升是一项较为复杂的系统工程，有赖于国家政策的保障、社会环境的支持、民办高校的重视、民办高校辅导员自身的努力等。只有上下一心、共同努力，才能将民办高校辅导员职业能力提升落到实处。

第一节　国家政策支持和环境优化是前提

一、为民办高校辅导员职业能力提升提供有力的政策保障

要把民办高校辅导员职业能力提升工作落到实处，必须有国家出台的相关政策对其进行必要的指导和监督。通过国家层面积极有效的政策保障和法律维护，为民办高校辅导员队伍建设提供有效的政策支持和财力保障，进一步营造良好的工作氛围，切实提升民办高校辅导员的职业能力。《国家中长期教育改革和发展规划纲要（2010—2020 年）》的颁布从国家政策层面保障了民办教育的历史地位问题，使民办高等教育工作者备受鼓舞，对未来发展充满信心和期待。但是，目前民办高校的发展还普遍存在着一系列的问题，诸如生源不断减少、办学成本不断增大、社会公信力及美誉度降低。如想改变这种严峻形势，一方面，需要民办高校结合自身实际，把握机遇，迎接挑战，创新发展思路，努力加强自身内涵建设；另一方面，也是较为紧迫的，即政府要为民办高校提供更多的政策保障，为民办高校的发展创造一个公平的政策环境。同时，国家和政府层面应加大对民办高校贯彻落实相关文件精神和要求的具体情况，加大监督力度，发现问题要及时通报，监督学校限期整改。

二、为民办高校辅导员职业能力提升提供良好的社会环境

国家和政府应不断改善民办高校辅导员职业能力提升的社会环境。创建良好的社会环境，可以从以下三方面着手。

一是要营造正确的社会舆论导向。国家和政府应自上而下积极营造有利于民办高校辅导员成长和发展的社会环境，坚持树立正确的舆论导向，大力宣传国家关于促进民办高校发展的相关制度、政策和法律法规。同时，要加大对办学成绩优异的民办高校的宣传力度，要及时将民办高校已经取得的办学成绩和办学成果向社会公众展示，积极引导社会对民办高校发展的关注、认可和支持。让民办高校辅导员有归属感、安全感和自豪感，要让他们从内心深处觉得无论是民办高校还是公办高校，都在为国家和社会提供教育服务，都能很好地实现自身价值。

二是要有国家政策法规的大力支持。虽然国家在民办高校辅导员队伍建设方面制定了一些相关的法律法规和制度，为民办高校辅导员的职业能力提升提供了法律依据和制度保障。但是，在实际执行过程中并没有完全落到实处，因此，必须进一步优化政策，健全民办高校法律法规体系，做到有法可依、有法必依，且保证政策的标准性、稳定性、持续性和可操作性。建议立法部门要明确界定各方的权利、责任和义务，严格制定执行的标准和执行的具体细则，坚持文本建设与环境建设并重。同时，建议监督管理部门切实负起监督责任，确保法律法规的执行效果，真正起到促进民办高校辅导员职业能力提升的作用。

三是要进一步完善民办高校辅导员的社会保障体系。福利保障因素是制约民办高校辅导员稳定性的一个重要方面。只有民办高校辅导员队伍稳定了，人心踏实了，没有后顾之忧了，再谈职业能力发展才有实际意义。因此，各级政府应该做好顶层设计工作，进一步建立健全针对民办高校辅导员的社会福利、医疗、保险等制度，并加大检查监督力度，确保高校为民办高校辅导员足额缴纳住房公积金，妥善办理医疗保险、工伤保险、生育保险、失业保险和养老保险等方面的事务，使民办高校辅导员没有后顾之忧，能够集中精力安心工作。

第二节　民办高校的重视和支持是保障

无论做任何事情，领导的重视和支持是根本保障。民办高校的一把手必须引起思想上的高度重视，要充分认识到民办高校辅导员在学生教育管理和学校发展过程中的积极意义及重要作用，要重视民办高校辅导员队伍建设工作，制定民办高校辅导员队伍建设的政策和制度，努力构建民办高校辅导员职业能力提升的长效机制，为民办高校辅导员职业能力的提升提供强有力的支持和保障。同时，民办高校要积极贯彻落实《能力标准》的要求，并广泛采取多种形式组织民办高校辅导员开展《能力标准》的学习活动，帮助他们深刻理解其基本理念，准确把握主要内容。民办高校要紧密结合自身实际，严格贯彻落实《能力标准》的具体措施，全面落实各项要求，把《能力标准》作为提高自身专业发展水平的行为准则，努力提升民办高校辅导员的职业能力。

一、强化意识，高度重视民办高校辅导员队伍建设

民办高校的领导者必须充分认识到，作为学校育人的重要力量，民办高校辅导员队伍的建设水平直接关系到学生培养质量、学校的可持续发展及在社会上的美誉度。民办高校要积极贯彻、落实国家和政府关于民办高校辅导员队伍建设的要求和精神，结合学校自身的实际情况，不断修订完善旧制度，积极制定新办法，进一步建立健全民办高校辅导员队伍建设的体制机制，大力促进民办高校辅导员职业能力的不断提高，为促进民办高校的全面发展和学校教学秩序的不断提高奠定坚实的基础。

二、主动发力，做好引导督促工作

内因是决定事物发展变化的根本因素。民办高校辅导员个人职业能力提升和可持续发展的内在驱动力源于民办高校辅导员自身。因此，民办高校要从学校层面高度重视，积极做好指导监督，加强民办高校辅导员主动提升个人职业能力的引导工作。

一是要做好民办高校辅导员的思想认识工作。要让民办高校辅导员正确认识到自己所从事工作的重要性和高尚性。民办高校辅导员工作是一项大有可为的工作，要爱岗敬业，明确自身工作职责。民办高校辅导员首先要热爱自己的

工作，并结合自身实际规划科学合理的职业生涯发展路线。

二是要引导民办高校辅导员树立坚定的理想信念和高尚的道德品质。民办高校辅导员工作的核心是做学生的思想工作。因此，他们自身的思想政治素质要过关，是民办高校辅导员素质构成中最重要的部分。要督促民办高校辅导员加强自身思想道德修养，严格要求自己，增强工作责任感，以自己的人格魅力来影响和教育学生。

三是要引导民办高校辅导员不断加强学习的自觉性和主动性。民办高校要提供必要的经费并做好场地保障，为辅导员提供良好的学习环境，营造良好的学习氛围，树立终身学习的理念。部门负责领导要以身作则，积极引导他们利用业余时间，不断增强自身关于教育学、管理学、心理学、职业生涯规划、新媒体技术等方面的知识，不断提高和完善自己的知识结构和能力水平。同时，积极鼓励并支持他们努力提升自己的学历和职称水平。

四是引导民办高校辅导员通过工作实践不断提高职业能力水平。在日常工作中，要引导民办高校辅导员坚持实事求是，解放思想，开拓创新。要学会边工作边思考，善于发现问题、分析问题、解决问题、归纳问题。不断提高自己的职业能力素质，进一步提高自己的学术研究能力。

五是要引导民办高校辅导员端正职业态度，获得职业幸福感。民办高校要采取切实有效的措施，积极关注民办高校辅导员精神层面的需求，要让民办高校辅导员正确认识职业的价值和意义，并愿意为之付出努力。另外，要使民办高校辅导员通过对学生进行思想引领、人生指导，体会到润物细无声的力量，从而获得精神上的成就感。

三、完善培养培训机制，不断提升职业能力

民办高校辅导员工作涉及的内容多、部门广，还要接受多重考核。民办高校学生的特点要求辅导员既要具有较强的思想政治教育能力、出色的组织管理能力和巧妙的工作艺术能力，还要具有良好的抗挫能力、心理承受能力及一定的科学研究能力。因此，民办高校必须建立健全民办高校辅导员职业能力提升机制和体制。

一是严格民办高校辅导员的职业准入机制。民办高校辅导员招聘是民办高校辅导员队伍建设的第一环节，也是影响民办高校辅导员职业能力提升的关键。民办高校要结合学校和学生的实际情况，制定出一套科学合理的招聘程序和办法，完善民办高校辅导员准入机制。招聘工作要在民办高校党政领导的统一领导下，严格按照制定的招聘标准和招聘程序，向社会进行公开招聘。在

民办高校辅导员笔试、面试等环节中，要严格按照规定的相关程序来执行，坚持公开、公正、公平的原则，着重考察应聘者的政治素质、品行修养、专业知识、思维方式和解决实际问题的能力。

二是科学制订民办高校辅导员职业生涯规划。民办高校要把民办高校辅导员队伍作为党政储备干部培养和选拔的重要组成部分，根据辅导员本人的资历、能力、专长和意愿，可转岗到教学、科研、管理等工作岗位。民办高校应提高认识，切实加强和完善民办高校辅导员职业能力提升机制，优化轮岗或转岗机制，增强民办高校辅导员的归属感和安全感。

三是要为民办高校辅导员创建良好的工作氛围。良好的工作氛围最能体现"以人为本"，并且能够激发民办高校辅导员积极工作的动力，促进工作效率的提高。民办高校要切实地关心、尊重民办高校辅导员，为他们的职业能力发展提供机会和平台，在为民办高校辅导员创建舒适、温馨的工作环境的基础上，加强人文关怀。既要鼓励民办高校辅导员积极成长，也要包容他们在成长过程中出现的非原则性错误，要在具体的工作中善于总结经验、吸取教训，快乐工作，在职业能力提升中获得工作的幸福感和成就感。

四是要完善民办高校辅导员职业能力培养机制。民办高校辅导员职业能力培养机制要坚持从民办高校学生工作的实际出发；要朝着职业化、专业化和专家化的方向发展，形成科学合理的长效培训机制；要坚持在系统培训基础上，有目标、有重点地开展针对性的培训，切忌大而全、空而泛的培训。一方面，要建立培训保障体系，结合学校实际，根据民办高校辅导员职业能力提升的目标，建立健全多层次、多途径、重实效的民办高校辅导员培训体系。在此基础上，制订培训计划，规划培训内容。培训计划要科学合理，可操作性强，效果显著。培训的具体内容要全面，应涵盖专业知识（思想政治理论、教育学、社会学、心理学、职业生涯规划等）、基本能力（组织、协调、管理、语言表达、文字功底等）和职业能力。另一方面，要尽可能丰富培训的形式。多种形式的培训能够更快、更好地促进民办高校辅导员职业能力的提升。可以采取的培训形式主要有以下几种：加强内部交流，即通过开展民办高校辅导员内部之间经验交流和工作分享，充分发挥老员工的"传帮带"作用，帮助新人尽快融入环境，进入角色；"请进来"，即定期邀请有关专家、学者举办专题报告会，提升培训层次；"走出去"，即有计划地选送优秀民办高校辅导员代表走出去，参加外面的学习和培训，开阔视野。民办高校应结合实际情况，既可以采取实习、轮岗、挂职锻炼、外出考察等形式，也可以选派优秀民办高校辅导员代表到国外著名高校以进修、见习等方式进行学习。

通过借鉴国内外院校学生工作的管理经验和方法，来提升民办高校辅导员的职业能力；学校财务部门要专门设立民办高校辅导员的专项科研经费，以提升民办高校辅导员的科研水平；成立民办高校辅导员研究站，积极组织开展课题研究活动，坚持在学习中研究，在研究中学习，不断提高民办高校辅导员的科学研究能力和学术水平。

四、制定良好的考核机制，提高职业认同感

民办高校辅导员作为大学生思想政治教育的主力，在维护和保证校园正常教学秩序中发挥了重要的作用。民办高校应当高度重视辅导员队伍建设，通过建立科学有效的考核体制，不断提高辅导员的职业认同感，激励辅导员以高度的责任感和使命感投入学生工作，努力为国家和社会培养出更多的接班人。

民办高校在制定辅导员的考核机制时，要从实际出发，充分考虑民办高校学生工作的特点；要完善考核工作领导机制，成立以主管学生工作的副校长为组长的考核领导小组，公开、公正、公平地开展民办高校辅导员考核工作；坚持以工作目标为导向，从德、能、勤、绩、廉等方面来综合考察；同时，坚持四个结合，即质和量、点和面、过程与结果、考评与奖惩。另外，在考核过程中要坚持功过分明，避免出现"一棒子打死""一票否决制"的做法。

要在大力表彰和宣传优秀民办高校辅导员先进事迹的同时，关注其他辅导员，帮助他们找出问题、分析原因，给出建议或方法。要在民办高校辅导员队伍中营造"比学赶帮超"的良性竞争氛围，切实达到考核的目的。

在制定民办高校辅导员考核指标时，一方面要考虑到指标体系的全面性；另一方面要注意两个结合，即把常规考核和价值考核相结合，把过程考核和目标考核相结合，提高考核和激励体制的针对性和实效性。

一是注重常规考核和价值考核相结合。民办高校要根据自己的办学目标和人才培养目标，充分考虑学生的实际特点，坚持"以学生为本"的原则，积极探索民办高校的长效育人机制，促进民办高校的可持续发展。在新时代背景下，学生工作中出现的新情况、新特点使民办高校辅导员面临着新的机遇和挑战，对他们的综合素质提出了更高的要求。民办高校只有科学合理地设立民办高校辅导员的考核办法和激励体制，才能提高民办高校辅导员的职业认同感。体制的制定者首先要正确认识民办高校辅导员工作的重要地位和作用，设计的指标体系要实现质量和数量相结合、过程和结果相结合、传统和创新相结合；在考评过程中，一定要坚持实事求是、客观公正、一个标准的原则，不要掺杂个人情感；要注重引导民办高校辅导员学会工作，不断提高工作的质量和效

率；在考核结束后，要及时将考核结果告诉民办高校辅导员，要让他们清楚地知道自己取得的成绩及存在的问题。

二是注重过程考核和目标考核相结合，即利用绩效考核的特点，通过绩效考核来达到过程与目标的结合。绩效考核具有多面性（考核结果受被考核者自身的主观因素和外部客观因素的双重影响）、多维性（从不同角度和不同层次去考察）和动态性（考核过程中的动态变化）等特点。根据绩效考核的特点，把过程绩效考核和目标绩效考核有机融入民办高校辅导员的考核体系，提高民办高校辅导员的工作积极性和主动性。

五、建立有效的激励机制，强化职业发展动力

民办高校的发展机遇与挑战并存，要想在激烈的竞争中立于不败之地，就要坚持以大学生思想政治教育为核心，以人才培养质量为目标，建立健全民办高校辅导员职业能力提升机制，加大民办高校辅导员职业能力提升的激励力度，充分调动他们的积极性和主动性，激发他们创造性地开展工作。

一是薪资待遇激励。在逐步提高民办高校辅导员福利待遇的基础上，建立健全民办高校辅导员工作考评与奖金、津贴挂钩机制，使民办高校辅导员工作的差异性最终能通过薪资待遇的差异体现出来。

二是荣誉激励。每个人的内心都有被认可的渴望，都希望自己的辛苦付出能够得到肯定。因此，民办高校应不吝对取得荣誉的辅导员进行大力的表彰和奖励。比如，在年底考核时，对获得"十佳民办高校辅导员""优秀民办高校辅导员"荣誉称号的辅导员及参加各类民办高校辅导员职业能力大赛、技能比赛、课题研究等获奖的辅导员，加大奖励力度。更要为那些具有高级职称或博士学位的辅导员提供必要的保障，并加大经费支持力度，激励他们取得更加卓越的成绩。

三是发展和成长激励。要为民办高校辅导员职业能力提升创造更多的平台和机会，鼓励他们积极参加各类学习、培训、考察、进修、晋升，促进他们不断地发展自己、完善自己。加大对有突出贡献的民办高校辅导员的晋升力度，可以考虑破格晋升。

四是职业动力激励。由于工作繁杂、压力大，收入不高等因素，民办高校辅导员普遍存在着不同程度的职业倦怠现象。因此，建立民办高校辅导员职业倦怠干预机制，强化职业动力也是一个亟待解决的问题。职业动力的激励需要从多个层面着手，努力通过切实有效的办法提高民办高校辅导员的职业自豪感。一方面，要把民办高校辅导员从繁杂的事务性工作中解放出来，为他们减

压减负。只有这样，才能提高他们的职业能力和工作效率，他们才能在应对各种复杂局面、处理棘手问题时显得得心应手、游刃有余，才能积极主动、轻松快乐地迎接工作，而不是消极被动、沉闷漠然地应付工作。另一方面，民办高校要有人文关怀意识，要建立情感交流机制。各级领导要经常关心民办高校辅导员的工作及生活状况，经常开展谈心谈话活动，了解他们的工作开展情况和存在的困难。对于他们在工作中遇到的问题和困难，要及时了解并积极地提供指导和帮助，对家庭困难和生活问题给予关照和帮助。要本着"以人为本"的原则，关心民办高校辅导员的成长和发展，营造良好的人际关系氛围，多组织一些能增进团结、提高凝聚力和向心力的集体活动。同时，有必要建立健全民办高校辅导员心理干预机制，关心民办高校辅导员的心理健康情况。可以通过组织开展民办高校辅导员定期参加心理健康方面的专题讲座、心理素质拓展活动和团体辅导，掌握自身心理调适的基本技能和方法，帮助他们提高应对工作压力的能力。

第三节　民办高校辅导员的自身努力是关键

民办高校辅导员要想在岗位上做出成绩，就要不断学习，苦练内功，不断提升自身的职业能力和专业化水平。职业能力的提升最终要通过民办高校辅导员自身的不断努力来实现。

一、正确认识民办高校辅导员工作

首先，民办高校辅导员要提高认识，强化意识，端正态度，正确认识辅导员工作的重要性，热爱自己的工作，提高服务意识。要正确认识自己的角色定位，认识到自己的工作对学生发展的重要意义，要为这份职业感到骄傲。民办高校辅导员在工作过程中要经常思考以下问题：如何做好当代大学生的日常思政教育和管理工作，如何做好大学生求学道路上的人生导师，如何成为他们健康成长的知心朋友。大学生在校时间和民办高校辅导员的接触最为密切，在他们成长成才过程中，民办高校辅导员发挥着至关重要的作用。民办高校辅导员要从内心深处热爱学生管理工作，要以高度的责任感和主人翁意识，做学生的知心朋友和领路人。在日常工作中，民办高校辅导员要多和学生接触，主动关心他们的学习和生活，嘘寒问暖，了解和掌握他们的思想动态，帮助他们解决实际困难。

二、科学制订个人职业生涯规划

民办高校辅导员应结合自身的实际情况，结合自己未来发展的制约因素和优势等，确定职业目标，选择职业道路，设计发展路径。最关键的是，为实现自己的预期目标，要对实际执行过程中具体的执行人，执行的时间、顺序和方向等做出详细、科学合理的安排。作为大学生健康成长的导师，设计好职业生涯规划，不仅对辅导员自身的成长影响巨大，而且对思想政治教育事业的发展具有非常重要的意义。一方面，这是深化思想政治工作内涵，实现思想政治工作目标的必然要求。民办高校辅导员只有掌握了职业生涯规划的方法和步骤，并设计好自己的职业生涯规划，才能更有效地帮助学生完成他们在校的学习、生活和未来的职业生涯规划。另一方面，这也是民办高校辅导员职业化的必然要求。在新时代背景下，社会对民办高校辅导员的要求越来越高，他们必须掌握更多新知识和新工作方法。民办高校辅导员要结合自身的实际情况、工作的具体要求、教育对象的变化等，不断地完善自己的知识结构。民办高校辅导员还要根据社会形势的发展、教育政策的改革和教育对象的变化，及时对自己的知识结构和知识面进行调整和完善。所以，民办高校辅导员从决定要从事这份工作的那一刻起，就要首先进行自我分析，对自己有一个客观的认识和评价，根据自己的实际情况，合理确定适合自己的职业发展目标和发展阶段，明确自己职业生涯过程中的阶段性任务，制定切实可行的具体执行措施。然后一步一个脚印，不断地发展和完善自己，逐步提升自己的工作能力，为实现自己的职业目标努力前进。同时，在具体的执行过程中，要不断地回头看看自己走过的路，看看自己是否偏离了方向，只有这样，民办高校辅导员才能实现自己的职业发展规划。

三、努力提升自身的职业能力素养

民办高校辅导员这个岗位是对任职者的思想、责任、政治敏锐度、业务能力等要求比较高的工作，需要民办高校辅导员具备良好的综合素质。目前，世界正处于一个政治、经济、教育全球化深入发展、科技进步日新月异的时期。在激烈竞争的形势下，为不断提高我国综合国力，培养出更多具有创新意识、扎实掌握科学技术、高素质、复合型人才的需求日益突出。在这种形势下，民办高校对辅导员的要求越来越高，对他们的工作提出了更高的要求和希望。民办高校辅导员要认清形势，把握大局，认知自己，与时俱进，努力提升自身的职业能力素养。

（一）要拥有过硬的思想政治素质

民办高校辅导员作为思想政治工作者，自身的思想政治觉悟直接决定工作质量。民办高校辅导员必须具备过硬的政治素养、较高的理论水平、清晰的研判分析能力和一定的思想政治工作水平；要坚持社会主义办学方向和要求，坚持四项基本原则的基本国策，坚持改革开放政策，坚定理想信念。作为思想教育的主体与客体，民办高校辅导员要不断地接受思想政治再学习、再教育，通过学习党和国家相关政策、文件及会议精神，结合习近平新时代中国特色社会主义思想的相关理论成果，不断提高自己的思想政治素质。在学生的教育管理过程中，民办高校辅导员要坚持正面引导，不断地向学生传输正能量，使学生端正态度，明确学习目的，加强爱国意识，树立正确的世界观、人生观、价值观。在平时的学习和工作中，民办高校辅导员应不断加强对政治理论学习的自觉性，主动利用业余时间进行自学和研究，以扎实的政治理论知识武装自己。在工作过程中，民办高校辅导员一定要讲学习、讲正气、讲政治，时刻保持高度的政治敏锐性。通过对党和国家的大政方针与政策进行解读、讨论，将政治理论传输给学生。民办高校辅导员要紧密围绕高校学生思想政治教育目标，根据学生特点，不断总结经验，开拓思维，创新方式方法；同时，要大力开展爱国爱校、明礼诚信、文明行为养成、学风建设、感恩教育等多方面的主题教育活动，确保学生思想政治素质的纯洁性，增强他们的使命感、责任感和担当意识。

（二）要具有较强的知识素质

当前，民办高校辅导员面对的学生来自全国各地，每个人的出生背景、家庭情况和成长环境都不相同。这就要求民办高校辅导员要具有较高的理论知识水平，熟悉并掌握教育学、心理学、社会学、管理学、传播学、职业生涯规划等学科的相关理论知识，不断丰富自己的知识储备。民办高校辅导员一定要根据学生的特点，认真思考如何将思想政治教育理论和方法与民办高校学生的特点结合起来，不断研究学生思想政治教育的基本规律和应对措施。

民办高校辅导员在具体的工作实践中，要善于利用新媒体这一网络平台，不断发现规律、思考规律、总结规律；另外，要虚心多向有经验的民办高校辅导员学习，学会善于利用教育学、心理学、社会学等知识来指导、帮助学生，及时解决学生在生活和学习中遇到的困惑、困难和问题，不断加强思想政治工作的针对性和实效性。

（三）要具有"多面手"的能力素质

要想做一个合格的民办高校辅导员，必须"十八般武艺，样样精通"，对各种复杂性、综合性、棘手性、实践性、突发性较强的工作都能够从容应对。民办高校辅导员的组织管理能力、组织协调能力、思维反应能力、情绪和时间管理能力、新媒体应用能力、综合应用能力、调查研究能力的强弱直接影响着学生工作效果的好坏。

民办高校辅导员要坚持从学生的实际情况出发，在处理问题时，要具体问题具体分析，只有根据不同特点的学生及不同问题量体裁衣、对症下药，才能有效解决问题。民办高校辅导员要善于对学生的思想动态进行细心观察、全面分析和深入研究。民办高校辅导员要拥有创新教育、终身学习的意识和能力，能够对时下发生的国内外时政热点、娱乐新闻、网络新词、热门游戏、最新影视、思想政治教育研究的新动态、新理论等有一定了解。要通过自己的分析与研究，从简单具体的感性认识上升到抽象复杂的理性知识，不断探索思想政治教育的一般规律，实现教育的最终目的。

（四）要具有健康的身心素质

民办高校辅导员既是脑力劳动者，也是体力劳动者。民办高校辅导员在紧张的工作之余，一定要坚持体育锻炼，并积极运用心理学方面的知识进行自我调节，确保自己拥有强健的体魄、健全的心理素质、旺盛的精力、良好的适应能力和较强的自信心，以应对工作中的各种压力和挑战。

（五）要具有高尚的道德素质

我国教育家陶行知有一句名言是"学高为师，身正为范"。民办高校辅导员不仅要规范自身行为，还要教育引导学生；不仅要靠知识、方法教育学生，还要以个人的品德修养和人格魅力影响学生。民办高校辅导员要以身作则，要求学生做的事，自己要带头去做；要求学生遵守的规章制度，自己要带头去遵守。严于律己、发挥带头做的榜样作用才是教育的真谛。育人要先修身，民办高校辅导员要充分认识到，自己所从事的工作是一份普通而又崇高的事业，应努力加强自身修养，不断砥砺自己的人格品质，成为一个品德高尚的人。民办高校辅导员只有热爱自己的工作，具有敬业奉献的精神，才能积极主动创新工作思路，在平凡的岗位上做出不平凡的成绩。民办高校辅导员要坚持以学生为本，热爱教育事业，热爱学生工作，热爱自己的工作岗位，能够满腔热情、真心真意育人。这是做好学生工作的前提和基础。在日常的学生工作中，民办高校辅导员要充分尊重学生的个体差异，平等地对待每一个学生；在做学生思想工作时，要因势利导，因人而异，以诚相待，学会换位思考。身教胜于言传，民办高校辅导员只有不断提升个人的道德品质，善于用自己的人格魅力去影响、教育学生，才能达到"润物细无声"的育人效果。

四、提高自身学历、职称和科研水平

民办高校辅导员职业能力的提升工作是一项综合性的系统工程。要努力提高自身的职业能力素养，必须要在完善个人知识储备、提高个人的学历层次和职称水平、提升自己科研能力水平等方面下功夫。民办高校辅导员要想做出一番成绩，受到尊敬和认可，并且享受和公办高校辅导员同工同酬的待遇，除了要兢兢业业，努力做好自己的本职工作外，还要通过努力学习不断提高自身的学历、职称和科学研究水平。因此，民办高校辅导员一定要转变观念，要有自我提高的强烈意愿、决心和行动，这是前提和基础。民办高校辅导员要树立终身学习的理念，遵循国家教育部门的政策，利用好学校提供的有利条件及平台，结合自身的实际情况，给自己制订一份职业能力提升计划，明确职业能力提升的内容、具体措施、时间节点、评价、保障条件等；另外，要在工作之余加强学习，努力提高自己的学历，如参加在职硕士、博士学位的攻读；同时，积极参与课题研究和职称评定，不断提高自己的职称和科学研究能力，为职业能力的提升奠定坚实的基础。民办高校辅导员要基于自身的认知和体会，就学生工作的某一个方面作为切入点开展持续、深入的研究工作，形成具有一定的理论研究价值和实践应用成果的学术研究成果，努力成为该领域的专家。提升学术研究能力的渠道很多，应积极参加理论研究、专项调查、工作案例分析报告、调研报告、专项课题研究、学术交流等活动，在学习的过程中不断地提高自己的科研能力。

五、注重显隐结合，提高工作水平

显性教育和隐性教育源于20世纪60年美国学者杰克逊对隐性课程的研究。显性教育是学校教育的主要方式。这种教育形式是一种有意识的、比较直接的、外部显现的有形教育方式，其目标明确、效果显著。但随着时代发展和条件的变化，单一的显性教育在新的教育对象面前已显得力不从心。隐性教育则刚好相反，它是一种无意识的、间接的、内隐的无形教育方式，这种教育形式比较容易被受教育者接受。如果运用得当，隐性教育将会对个体在认识导向、情感陶冶、行为规范等方面发挥积极的促进作用。这两种教育形式都是思想政治教育的方法。显性教育的入脑入心需要隐性教育的强化，隐性教育的实施则需要显性教育的保障。显性思想政治教育体现了教育者的主观目的，具有明确性、直接性、主动性和时效性，易受到被教育者的消极抵抗；而隐性思想政治教育体现了以学生为本的理念，具有明显的隐蔽性、无意识性、渗透性、长期性。当前，计算机网络技术不断发展，智能手机普及迅速，新媒体时代的到来对传统思想政治教育的主导地位影响深远，带来了巨大的冲击，显性的教育方式受到了阻碍。民办高校辅导员要深刻认识到显性教育和隐性教育有机结合、相互补充的重要意义，充分认识并掌握显性教育与隐性教育的互补性，注重二者的有机结合，勇于实践，善于探索，不断提升工作的科学水平，促进自身职业能力的提升。新时代下，民办高校辅导员只有与时俱进，开拓创新，勇于实践，充分利用显性教育和隐性教育的互补特性，才能更好地提高大学生思想政治教育的针对性和实效性，进一步促进自身能力的提升。

民办高校辅导员主要从以下几个方面开展工作：一是借助语言的魅力。语言表达能力是民办高校辅导员必须具有的。语言魅力可以将辅导员的学识、能力、修养和内涵展现得淋漓尽致。因此，民办高校辅导员在日常的工作和学习过程中，要抓住每一次读书、看报、看电视、演讲、报告、授课、谈话、座谈的机会，不断提升自己语言的魅力。二是借助各种丰富多彩的活动促进教育教学。通过组织开展丰富多彩的第二课堂活动，以活动促教育，寓教于乐，促进优良班风、学风、教风和校风的形成，促进学校精神文明建设，奠定良好的育人环境。三是借助民办高校辅导员的人格魅力。民办高校辅导员的人格魅力指的是辅导员个人品德、学识、修养等方面所体现的对学生具有深刻影响的个人素质。民办高校辅导员在日常的学生工作中，要善于通过展示自己的人格魅力，对学生的心理和行为产生潜移默化的影响。这种教育方式要比机械的管理方式更加人性化，效果更好。四是借助新媒体的优势。现在的新媒体技术为我们展示了一个五彩斑斓的世界，而且具有信息量大、传输便捷、覆盖面广、形式多元、互动性强等优势。因此，民办高校辅导员必须熟练掌握这项技术，不断提升自身的"媒介素养"，充分利用新媒体的优势，发挥其积极作用，做新媒体信息传播的"导向"，严守舆论宣传的主阵地，强化主导意识；通过创建有益于大学生身心健康发展的主题网站、论坛、微博、微信、QQ等形式，做好大学生思想政治教育引导工作，时刻了解学生的思想动态，及时答疑解惑，排忧解难，传播正确的思想、理论与观点；通过正确的网络舆论引导，提高学生对网络信息的甄别、研判能力。

第九章　民办高校辅导员培训与考核

第一节　民办高校辅导员培训管理

一、民办高校辅导员职业准入和培训管理

（一）民办高校辅导员职业准入的内涵与标准

民办高校辅导员是大学生思想政治教育的骨干力量，加强民办高校辅导员队伍建设，提高整体素质，把好"入口关"，加强职业准入制度建设，对民办高校辅导员职业化发展具有重要意义。

1. 民办高校辅导员职业准入的内涵

准入制是指实施具备条件才准许进入市场的制度，泛指具备一定条件才准许进行某目标操作的制度。

职业准入制度即就业准入制度，是根据《中华人民共和国劳动法》和《中华人民共和国职业教育法》的有关规定，只要从事国家规定的技术职业，必须取得相应的职业资格证书，方可就业上岗的制度。其目的是提高劳动者技能水平、就业能力和适应职业变化的能力，实现高质量就业和稳定就业。

民办高校辅导员职业准入是指具备一定条件才允许从事民办高校辅导员工作的制度。通过建立民办高校辅导员职业准入制度，可拓宽选聘范围，把具有一定知识、能力、素质、价值观的优秀人才选聘出来。建立民办高校辅导员职业准入制度，可以不断优化民办高校辅导员人员结构，促进民办高校辅导员队伍的良性发展和循环流动，为民办高校辅导员队伍带来生机与活力；能够进一步规范民办高校辅导员入口，提高民办高校辅导员整体素质，以及职业地位和社会公信力，增加民办高校辅导员职业认同，有利于促进民办高校辅导员职业化发展。

2. 民办高校辅导员职业准入的标准

民办高校辅导员职业准入的标准主要是指从事民办高校辅导员的职业资

格、职业目标、职业道德和职业能力等内容。职业标准既是职业资格认证的标准，也是职业教育和培训的导向，同时还是职业鉴定与考核的依据以及职业竞赛与表彰的参考。因此，职业准入标准主要是指从事该职业的人与职业需要相对应的专业知识、职业技能、职业能力、职业素质和职业资格等。民办高校辅导员职业标准就是对民办高校辅导员职业能力的明确说明与清晰界定，包括成为民办高校辅导员应该具备的知识、素质、能力、资格等。

（二）民办高校辅导员培训管理的政策与原则

培训是培养的重要表现形式，是一种有组织的知识传递、技能传递、标准传递、信息传递、信念传递、管理训诫行为，是学习知识的重要途径。培训就是为员工传授其完成本职工作所必需的正确思维认知、基本知识和技能的过程。

1. 民办高校辅导员培训管理的政策支持

2004 年，中共中央国务院印发了《关于进一步加强和改进大学生思想政治教育的意见》的文件，这是新时代加强和改进大学生思想政治教育的纲领性文件，对新时代大学生思想政治教育做出了周密部署和全面动员。2006 年，教育部出台了《普通高等学校辅导员队伍建设规定》。在这一文件指导下，教育部于 2007 年确定了首批 21 个高校辅导员培训和研修基地，目的就是要搭建高校辅导员培养培训的平台，通过基地，进一步汇聚力量，加强工作研究和交流，科学规范地提升高校辅导员工作水平。2006 年，教育部下发的《2006—2010 年普通高等学校辅导员培训计划》明确指出："要努力提高高校辅导员的思想政治素质和业务素质，努力造就一支政治强、业务精、纪律严、作风正的高校辅导员队伍。"2013 年，中共教育部党组印发了《普通高等学校辅导员培训规划（2013—2017 年）》，目的是努力造就高水平的高校辅导员队伍，为提高大学生思想政治教育水平、为高等教育质量提供思想保障和人力支持。由此可见，高校辅导员的培训机构主要是由国家教育主管部门、各级教育行政管理部门和各个高校等机构组成；培训的目的是以大学生教育管理服务为中心，提高民办高校辅导员的业务水平和职业素质，促进民办高校辅导员专家化成长和职业化发展；培训的形式主要与民办高校辅导员的工作需求相关，有针对性地采取灵活多样的形式和种类，分级分类地按需施教；培训的周期有定期培训和短期培训；培训方式既有脱产培训、半脱产培训和在职培训，也有校本培训、校外培训和委托专业机构培训；培训方法不仅有课堂授课，还有讨论、座谈、考察调研、情景模拟等形式多样的课外实践环节。可见，民办高校辅导员培训主要是指国家教育主管部门、各教育行政管理部门和各高校根据民办高校辅导员工作的特点与内容，按照民办高校辅导员专业化成长和职业化发展的要求，对民办高校辅导员进行培训。因此，在民办高校辅导员选聘过程中，可以通过职业兴趣测试，把社会型、管理型和常规型职业兴趣的人引进民办高校辅导员队伍，同时，筛选出更适合从事民办高校辅导员工作的人，因为他们更容易对工作产生乐趣，具有专业的职业精神，产生职业归属感，坚定职业追求，从而促进民办高校辅导员职业化发展。

2. 民办高校辅导员培训管理的原则

（1）长期性与系统性相结合的原则。民办高校辅导员培训长期性原则是指民办高校辅导员培训是一项长期的系统工程，需要持之以恒。在民办高校辅导员培训中，要在制订培训计划的同时，将培训计划与民办高校辅导员的成长和职业生涯设计结合起来，及时更新和调整民办高校辅导员的培训方案。此外，民办高校辅导员培训是为民办高校辅导员提供思路、理念、信息和能力，帮助提高其工作效率和业务素质的过程。因此，民办高校辅导员培训要遵照系统性原则，重点通过系统的方法和理论激发民办高校辅导员的潜力，帮助他们把握自己的前途与才能，从而实现提高大学生思想政治教育水平和学生管理水平的目的。民办高校辅导员培训的系统性原则主要表现在培训过程的全员性、全方位性和全程性。其中，全员性一方面是指全体民办高校辅导员都是受训者。参加民办高校辅导员培训的不仅是新入职者，还包括所有辅导员；另一方面是指全体民办高校辅导员都是培训者。民办高校辅导员之间互相学习、取长补短、共同进步，每位民办高校辅导员既是受训者也是培训者。全方位性主要指培训的内容丰富宽泛，能够满足不同层次民办高校辅导员的需求。民办高校辅导员的培训内容既要包括思想政治理论教育内容，又包括民办高校辅导员专业素养提升和职业能力培养等内容。全程性主要是指对民办高校辅导员的培训要贯穿民办高校辅导员职业生涯的始终。《能力标准》中明确指出："辅导员职业分为初级、中级、高级三个等级。初级高校辅导员一般工作 1～3 年，经过规定入职培训并取得相应证书。中级高校辅导员一般工作 4～8 年，积累了一定的理论和实践成果，中级高校辅导员在各项职业功能上都要高于初级高校辅导员。高级高校辅导员一般工作 8 年以上，具有丰富的实践经验、较高的理论水平和学术修养，同时，高级高校辅导员应在思想政治教育工作某一领域有深入的研究并能做出有影响力的成果，成为该领域的专家。"因此，对民办高校辅导员的培训，不仅要贯穿民办高校辅导员职业生涯的始终，还要根据不同的民办高校辅导员级别采取不同的培训方式和培训内容。

（2）理论与实践相结合的原则。民办高校辅导员培训的根本目的就是为了提高民办高校辅导员的专业素质和职业技能，提高他们在工作中解决具体问题的能力，从而提高民办高校辅导员队伍的整体素质和工作水平。

因此，在民办高校辅导员培训中，要坚持理论与实践相结合的原则，根据实际情况和受训者的特点开展培训工作，既能提高受训者的理论水平和认识能力，又能解决工作中存在的实际问题，从而做到通过理论来指导实践，再从实践中总结理论。

（3）组织培训与自我提高相结合的原则。在民办高校辅导员培训中，要坚持组织培训和自我提高相结合的原则。一方面要强调对民办高校辅导员进行正规的组织培训，形成学习型组织，从而真正达到培训的满意效果。另一方面要强调民办高校辅导员的自我管理和自我提高，通过培训，不仅提高了民办高校辅导员的人格素质和专业素质，还能使他们养成自我提高的意识和行为。

二、民办高校辅导员培训管理的目标

民办高校辅导员培训管理是个系统工程，需要不断探索与创新，笔者结合理论与实践，对民办高校辅导员培训管理策略介绍如下。

（一）培养民办高校辅导员的职业认知与理念

1.加强民办高校辅导员对职业的正确认知

基于认知心理学可知，对职场正确认知的传递效果是决定培训效果的根本。因此，对民办高校辅导员进行培训，首要的是进行职业正确认知的培训。对民办高校辅导员职业的正确认知源于对岗位与工作职责的认知。要了解民办高校辅导员岗位的基本知识，就要知道民办高校辅导员是伴随着我国经济、政治、文化建设发展而逐步发展成为高校教师队伍的重要组成部分。民办高校辅导员工作关系到培养什么人和怎样培养人的问题，其在高校改革发展与稳定的过程中发挥了巨大的作用，也为社会稳定做出了重要贡献。民办高校辅导员不仅对大学生做人、做事、做学问等方面产生了重要的影响，还对大学生树立正确的世界观、人生观和价值观方面发挥着重要的作用。因此，民办高校辅导员的工作内容主要体现为大学生思想政治教育、党团和班级建设、学业指导、日常事务管理、心理健康教育与咨询、网络思想政治教育、危机事件应对、职业规划与就业指导、理论和实践研究等。为了较好地完成这些工作，民办高校辅导员必须具有一定的职业操守、职业知识与职业能力。爱国守法、敬业爱生、育人为本、为人师表、终身学习是民办高校辅导员的职业操守。马克思主义理论、哲学、政治学等方面的知识有利于提高民办高校辅导员的工作水平。柔性管理是相对于硬性管理而言的，主要是指坚持以人为中心的理念，以尊重人格独立与个人尊严为前提的一种管理方式。

民办高校辅导员要想树立柔性的以人为本的管理理念，一是需要在高校学生工作中，从思想上提高对柔性管理的认同度，与学生进行平等对话，关注学生心灵、深层情感和发展需求，逐步使学生从被动、抗拒变为主动和接受，引导学生形成自我设计、自我管理。二是需要建立完善的管理制度，实现对学生的约束和管理，保证学生管理工作的顺利进行。管理制度是对人们的行为举止进行有效约束的一种制度，是实施管理的基础和前提条件。在学生管理中，笔者不赞成以制度为中心的刚性管理，但并不否认制度对管理所起到的基础性作用。因此，在高校学生管理制度建设中，要保证管理制度的约束性、控制性、公平性、监督性和统一性，要在保证管理制度科学性和合理性的同时，适度保证刚柔并济、奖惩分明，既要符合学生的身心健康发展，又要符合大学生的成长规律。建立管理制度的目的不是为了惩罚、约束学生，而是为了更好地教育、帮助和保护学生，不断地完善学生管理制度，促进学生的发展，提高高校教育质量。三是需要培养优秀的校园文化，为柔性管理的实施提供有效的保障。校园文化对学生的世界观、人生观和价值观具有潜移默化的影响。四是需要在学生管理中关注学生的需求，发挥柔性管理的精神激励作用。相对其他群体而言，大学生具有更强的民主意识和情感需求。因此，在高校学生管理中，民办高校辅导员应不断增强学生的主人翁意识，满足学生多方面的需求，为实现学校与学生的共同发展而努力。五是需要关注学生的情感需要，善于用真情实感感染学生、关心学生、爱护学生，为学生办好事、办实事，通过不断挖掘情感对行为决策的正向引导力，减少离心力，增强凝聚力。

我国教育家夏丏尊先生认为，教育应该把人的发展提升看作教育的本源性、根基性的问题，教育如果没有情感，就如同池塘没有水一样。高校学生管理工作要把大学生的情感放到一个本体地位，把大学生全面而自由的发展作为最高教育目标。

社会学、心理学、管理学、伦理学、法学等知识储备，马克思主义中国化相关理论及知识，大学生思想政治教育工作实务相关知识、法律法规知识等是民办高校辅导员必备的职业知识。通过大学生思想政治教育、党团班级建设、学业指导、日常事务管理、心理健康教育与咨询、网络思想政治教育、危机事件应对、职业规划与就业指导、理论和实践研究等工作内容，民办高校辅导员能积累工作经验，提高理论水平和学术修养；能不断提升自身组织管理能力和语言表达能力、教育引导能力和调查分析能力等；能用"政治强、业务精、纪律严、作风正"的职业能力特征塑造自我，形成良好的职业道德；能掌握系统的专业知识和职业技能，增强对民办高校辅导员职业的认同感和归属感，从而不断促使自身向民办高校辅导员专业化、职业化、专家化方向发展。

2.树立以学生为中心的民办高校辅导员工作理念

以学生为中心的教育理念对于民办高校辅导员工作具有一定的指导意义。为了不断地提高大学生思想政治教育效果和学生管理工作水平，民办高校辅导员要树立以学生为中心的教育理念，切实把学生作为教育、管理和服务的根本，时刻把学生的切身利益作为开展工作的出发点和落脚点，尊重学生，关心学生，依靠学生推动学生管理工作。

高校学生工作的对象是人，其根本任务就是育人。柔性管理更加适合高等教育的发展，也更符合当代大学生的特点，更能得到学生的认同。若民办高校辅导员在工作中缺乏责任心，就不能很好地为学生服务，因此，要强化责任意识，提高民办高校辅导员的服务能力。

（二）促进学生工作的学科化和专业化

1.促进高校学生工作学科化

新时代背景下，高校学生工作的内涵和外延不断发展变化，学生工作已经从单纯的思想政治工作发展成为集思想政治教育、日常事务管理、心理健康教育、职业规划、就业指导等多个领域于一体的工作，使得学生工作的要求和标准越来越高、内容越来越多、地位越来越重要、作用越来越大。高校学生工作要立足本校实际，寻找新的机遇和生长点，推动学生工作不断升级，要把握学科发展机遇，尊重大学生成长规律和高等教育发展规律，顺应高等教育发展趋势。

促进高校学生工作学科化，需要明确学科属性。目前，没有明确界定学生工作属于哪个学科，因此，学生工作独立的学科地位需要进一步加强与确定，使其能够得到社会的认可。随着学生工作内涵与外延的不断拓展，仅仅以马克思主义作为学科支撑已经不适应学生工作的开展，学生工作需要整合教育学、管理学、组织学、行为学、哲学、政治学、伦理学、理学、社会学、统计学等多种学科资源，从中寻找学生工作特有的知识、价值及方法体系。

促进高校学生工作学科化，需要高校树立育人教育的理念。所谓育人教育，就是在健康人格的基础上，促进学生的全面发展。一要建立健全学生工作体系和完善的工作机制，促进育人教育理念的实现，要通过思想政治教育、心理健康教育、学业咨询与指导、职业规划、社会实践、团学活动、寝室文化、校园文化等全方位引导和挖掘学生的潜能，促进学生学习，培养和健全学生的人格。二要避免只是培养学生单一学科的知识，要强调学科间的整合学习，兼顾学生的认知与情意、人文与科技、专业与通识的学习内容，超越学科间的各种限制，实现学科之间的互动、影响和渗透，培养具有健康人格的学生。三要形成全员育人的环境。全员育人是指教书育人、管理育人、服务育人组成一个有机统一的整体。学校育人过程不仅是一个传授知识的过程，还是一个感化、熏陶和养成的过程，凡是与学生相关的人都会影响学生的成长。因此，要将育人工作延伸到民办高校辅导员难以发挥作用的领域和环节中，整合各方资源，兼顾各方利益，构建全员育人的工作格局，把学生思想政治教育工作融入学校各项工作之中，扩大育人工作的覆盖面，扩建育人工作队伍，把育人工作贯穿到学校发展的各个环节之中，构建大学生思想政治教育的大平台，使学生有更多渠道、更多对象可以释疑和倾诉，引导学生自我教育、自我管理和自我服务，增强学生成长成才的内生动力，有效引导学生世界观、人生观和价值观朝着积极健康的方向发展。四是将学生事务与学术事务相结合。学术事务是基于学术类课程学习和训练的相关事务管理，一般与学生的学习、课程和认知发展有关。学生事务是指高校通过非学术事务和课外活动对学生施加的教育影响，以规范、指导和服务学生，丰富学生校园生活，促进学生成长成才的组织活动。多年来，我国高等教育学生事务基本与学术事务是隔离分化的，这种隔离分化不利于对学生的整体教育与培养。未来，高校学生事务管理要逐渐加大与学术事务建立相互协作的关系，不仅能促进学生事务管理的学术化和专业化，还能激发高校的学术动力；不仅符合我国高等教育的内涵式发展，还合乎大学发展的内在需求，共同促进学生的学习与发展。这就需要学术事务与学生事务都朝着为了学生学习与发展的目标而努力；需要学术事务和学生事务两个群体的工作者求同存异、共同计划、积极沟通，在促进学生学习与发展的过程中都能发出平等的声音，共同创造相互尊重、相互信任的合作环境。

2. 促进高校学生工作专业化

随着国内外环境的变化，高等教育内外部环境都发生了重大变化，对民办高校辅导员工作提出了更高的要求。高校学生工作专业化就是在哲学、教育学、心理学、社会学、思想政治教育等学科理论的指导下，以研究型和学术型工作方法为标志，用发展的眼光、动态的视角，把握、分析和处理学生工作全过程的环节和问题，使学生的思想和行为逐步趋向预定目标的过程。

第一，促进高校学生工作专业化，需要探索高校学生工作内容的理论性和规律性。高校学生工作是以学生为研究对象，有明确的工作目标、具体的工作内容、相关学科知识支撑的教育科学。高校学生工作专业化是适应高等教育发展规律的变化和教育内外部规律的要求发展起来的，具有一定的研究性、理论性和规律性。具体体现在以下几方面。

首先，从大学生思想政治角度看，其思想变化、价值取向、意识形态、政治诉求、大学生理想信念、世界观、人生观、价值观等方面都有其自身的发展变化规律，都需要以一定的理论知识为基础，对其规律进行探究；其次，从大学生心理健康角度看，大学生的心理活动都有一个产生、发展、消失的过程，大学生心理的认知过程、情感过程和意志过程都有其自身发展的规律，正确认识并揭示大学生心理发展规律，对于高校学生工作水平的提高具有重要的理论意义和实践意义；最后，从大学生人格来看，大学生的道德品质、气质修养都有其自身发展的规律。高校学生工作的内容并不是简单的事务性管理，它是以一定的理论知识为基础，并且有其自身发展变化的理论性和规律性。

第二，促进高校学生工作专业化，需要加强高校学生工作过程的项目化管理。高校学生工作项目化管理就是把复杂的学生工作分解成为若干简单的项目，按照管理学中项目管理的模式建立管理体系，合理、有效地配置项目资源，落实目标责任，建立考评机制，用项目管理的基本思路和方法来管理高校学生工作。在高校学生工作中推进项目化管理，一是要紧紧围绕促进大学生身心健康和成长成才的工作重心，结合学校每学期、每学年的具体工作及社会环境和学生的实际情况，设计出适合大学生成长成才需要的，具有一定创新性和可行性的项目。立项成功后，民办高校辅导员要积极吸引学生加入项目研究，尽力调动学生作为主体的参与性、积极性和主动性，引导学生在实践中进一步完善项目。二是民办高校辅导员要坚持学习理论、加强工作研究，提高自身的项目化运作和管理能力，在自身的研究领域逐步形成专长，做出特色。三是高校要把民办高校辅导员项目化管理效果作为工作考核的重要标准，对民办高校辅导员项目化管理予以监督和指导，把项目化管理作为辅导员开展学生工作的新模式、新机制，并不断完善和发展，更好地实现为大学生成长成才服务的目的。

第三，加强高校学生工作的党性原则建设。中国共产党党性原则主要体现为坚持全心全意为人民服务。支持民主集中制和在高度自觉基础上建立起来的铁的纪律，始终同人民群众保持密切联系，勇于开展批评与自我批评。随着时代的发展，高校学生工作除了对大学生进行思想政治教育以外，还包括很多内容，但是无论如何变化，对大学生进行思想政治教育，把他们培养成有理想、有道德、有文化、有纪律的社会主义建设者和接班人始终是高校学生工作的重点。

高校学生工作坚持党性原则需要做到以下几点：一是需要进一步加强民办

高校辅导员的党性修养。民办高校辅导员是大学生思想政治教育的骨干力量和主力军，他们的党性修养直接影响学生。因此，民办高校辅导员要不断加强理论学习，要严格自律，不断提高自己的理论水平、知识水平和工作能力；坚定自己的理想信念，提高政治觉悟，端正政治态度，积极、正确地引导学生，及时解决大学生思想上遇到的困惑，把握学生发展的政治导向。二是需要加强学生党员的党性修养。高校学生党员是党员中的特殊群体，是未来的中坚力量，是社会主义建设者和接班人。通过学生的学习、实践锻炼、党内生活等途径，不断加强学生党员的修养，有利于提高学生党员的综合素质，把他们培养成具有社会主义坚定信念和共产主义远大理想的接班人。要想做好高校学生工作，必须坚持思想政治教育先行的原则，必须把坚定正确的政治方向放在第一位，坚持立德树人的高等教育的根本任务，把德育放在学生工作的首位。中国特色社会主义事业是面向未来的事业，是为了培养一代又一代的社会主义建设者和可靠接班人的事业，关系整个中国特色社会主义事业的全局和长远。

（三）建立科学的培训管理体系

民办高校辅导员培训是一个系统工程，构建科学的具有针对性和全面性的民办高校辅导员培训体系是摆在我们面前的一个重要问题。经过多年的发展，民办高校辅导员培训管理体系已经搭建了岗前培训、日常培训、专题培训及境外培训几大模块，有力地提高了职业素质和职业能力。但不容忽视的是，民办高校辅导员培训也存在着培训内容滞后、培训手段单一、培训效果不佳等问题。科学的民办高校辅导员管理体系尚未形成是其主要原因。针对目前民办高校辅导员培训现状，笔者对建立科学的培训管理制度体系进行了如下探究。

1. 民办高校辅导员培训管理制度

制定培训管理制度的目的是为培训提供制度性框架和依据，促进培训的规范化、制度化、标准化。民办高校辅导员培训管理制度的建立，不仅能够减少培训投资的浪费，还能够提高基训效果。建立民办高校辅导员培训管理制度的最终目的是为了持久、有效地将民办高校辅导员培训进行到底，让培训走上正规化、制度化和科学化的道路，发挥出培训的最大效果。

2. 民办高校辅导员培训管理原则

建立完善民办高校辅导员培训管理制度要把握以下几个原则：一是民办高校辅导员培训管理制度体系导向是提高高校人才培养质量。民办高校辅导员培训管理体系源于高等教育培养人才的发展战略，因此，民办高校辅导员培训管理体系要以促进高等教育人才质量的提高为导向，以提高学生工作发展水平的战略规划为目的，量身定做符合自身持续发展的高校培训体系。二是民办高校辅导员培训管理制度体系的着眼点是高校学生工作的核心需求和未来需求，为高校做好人才培养和储备服务。三是民办高校辅导员培训管理制度体系要充分考虑民办高校辅导员自我发展的需要。民办高校辅导员培训不仅要与高校培训人才的战略目的结合起来，还要和民办高校辅导员的职业生涯发展结合。因此，要充分考虑民办高校辅导员自我发展和自我实现的需要，为民办高校辅导员实现个人发展和取得个人成就而服务。

3.民办高校辅导员培训管理要求

目前，民办高校辅导员培训没有建立好的软环境支持，还存在着"说起来重要、忙起来次要、急起来不要"的现象，严重影响了民办高校辅导员培训的实施。因此，要建立完善民办高校辅导员培训管理体系，必须重视培训管理要求。一是要建立良好的软环境支持，给予民办高校辅导员时间、经费和管理上的支持，从宏观上把握民办高校辅导员的成长进步，为民办高校辅导员培训提供人力、物力和财力上的保障。二是开设具备自身特色的高质量课程体系是民办高校辅导员培训管理体系有效开展的基础。课程体系的质量决定着辅导员工作的学科化。

第二节　民办高校辅导员绩效管理

许多民办高校已经认识到对辅导员进行考核的重要性，但是还有部分民办高校存在对辅导员考核不重视、考核结果不公平的现象，这极大地打击了辅导员工作的主动性和积极性。因此，建立一套合理、完善、切实可行的民办高校辅导员绩效考核体系显得尤为重要。

一、绩效考核管理的相关概念与理论

绩效考核是绩效管理的核心环节，主要是指组织在既定的战略目标下，运用特定的标准和指标，对员工的工作行为及取得的工作业绩进行评估，并运用评估的结果对员工将来的工作行为和工作业绩进行正面引导的过程和方法。如果这个环节出现问题，会给绩效管理带来严重的负面影响。绩效考核需要绩效指标，绩效指标中最重要的方法是关键绩效指标法（Key Performance Indicator，简称KPI）。本书充分运用关键绩效指标法对民办高校辅导员的绩效考核进行了探讨。

二、民办高校辅导员绩效考核管理的原则

（一）定性与定量相结合

民办高校辅导员的工作琐碎、繁杂，定性较多，量化较难。但是在考核民办高校辅导员的工作时，应把定性与定量相结合，在定性分析基础上进行量化考核。这样既认清了民办高校辅导员工作的本质，又能对民办高校辅导员工作进行客观公正的解释与评价。

（二）结果与过程相结合

民办高校辅导员对大学生进行教育、管理、服务是一个动态的、发展的、曲折的、长期的、缓慢的过程。因此，对民办高校辅导员的评价与考核要坚持结果与过程相结合的原则，要把民办高校辅导员的考核与大学生的日常行为、思想道德素质及大学生成长成才结合起来。

（三）导向性与客观性相结合

对民办高校辅导员进行绩效考核，还要坚持导向性与客观性相结合的原则。既要充分认识到民办高校辅导员考核在民办高校辅导员队伍建设中发挥的激励和指挥的作用，又要认识到民办高校辅导员考核要从客观实际出发，不能脱离工作的实际，否则容易使民办高校辅导员对考核产生抵触情绪。

三、民办高校辅导员绩效考核管理的方法

（一）层次分析法

层次分析法（Analytic Hierarchy Process，简称 AHP）是一种简便灵活的层次权重决策分析方法。它将评价对象或问题视为一个系统，根据问题的性质和想要达到的总目标，将一个复杂的多目标决策问题分解为多个要素（目标或准则），并按照要素之间的关联度及隶属关系，将要素按不同层次聚集组合，通过定性指标模糊量化方法算出层次单排序（权数）和总排序，从而形成一个多层次的分析结构系统。

运用层次分析法解决问题，大体可以分为四个步骤，即建立问题的递阶层次结构、构造两两比较判断矩阵、由判断矩阵计算被比较元素相对权重和计算各层次元素的组合权重。

（二）德尔菲法

德尔菲法（Delphi Method）又称专家意见法，主要是由调查者拟定调查表，按照既定程序，通过函件的方式分别向专家组成员进行征询；而专家组成员又以匿名函件的方式提交意见。经过几次反复征询和反馈，专家组成员的

意见逐步趋于集中，最后获得具有很高准确率的集体判断结果。其大致流程如下：在所要预测的问题征得专家的意见之后，对其进行整理、归纳、统计，再匿名反馈给各位专家，再次征求意见，再集中，再反馈，直至得到一致的意见。其过程可以简单表示如下：匿名—征求专家意见—归纳、统计—匿名反馈—归纳、统计……经过若干轮后停止。可见，德尔菲法是一种利用函询形式进行的集体匿名思想交流过程。

（三）模糊综合评价法

模糊综合评价法是一种基于模糊数学的综合评价方法。该评价法根据模糊数学的隶属度理论把定性评价转化为定量评价。模糊综合评判能较好地解决模糊的、难以量化的问题，可以做到定性与定量因素相结合，评价结论更可靠。模糊综合评价包括确定评价对象的因素集、确定评语集、确定各评价因素的权重、做出单因素评价、综合评价等步骤。

四、民办高校辅导员绩效考核模糊评价模型的建构

民办高校辅导员工作是一个难以量化的复杂问题。本书引用层次分析法、德尔菲法和模糊综合评价法对民办高校辅导员绩效考核进行研究，从而建立民办高校辅导员绩效考核模糊评价体系的数学模型。

（一）民办高校辅导员绩效考核的主体

民办高校辅导员考核除了要进行自我评价外，还涉及很多评价主体。例如，学生作为民办高校辅导员的工作对象，学生处和院系作为民办高校辅导员的管理部门，都有权利对民办高校辅导员进行考核；民办高校辅导员所带年级不同，与之产生关联的职能部门也不同，这些不同的职能部门对民办高校辅导员也具有一定的考核权利。

（二）民办高校辅导员绩效考核指标体系的构建

在民办高校辅导员考核过程中，需要把民办高校辅导员工作量化为很多个指标体系，如何科学分配各个指标体系中的权重，是对评价考核过程中指标相对重要程度的一种主观度量的反映。

（三）确定民办高校辅导员考核因素领域

民办高校辅导员绩效考核基础指标体系是决策目标，用 D 表示；X_i 是一级指标准则层，按指标顺序用 X_i（$i=1$，2，3）表示；Y_j 是二级指标子准则层，用 Y_j（$j=1$，2，…9）表示；Z_n 是三级指标方案层，用 Z_n（$n=1$，2，…28）表示。共 3 个一级指标，9 个二级指标，28 个三级指标。由于民办高校辅导员工作内容繁杂、工作覆盖面大，几乎涵盖大学生的方方面面，考核起来难度较大，

所以在民办高校辅导员考核中，要运用关键绩效指标法抓住民办高校辅导员职业内容的关键点进行考核。通过运用德尔菲法与多位专家、管理人员、民办高校辅导员及学生进行交流座谈，经过四轮专家讨论分析打分，结合《普通高等学校辅导员队伍建设规定》和《能力标准》的规定，建立了民办高校辅导员绩效考核指标的因素：教育学生（X_1），管理学生（X_2），服务学生（X_3），3个一级指标；思想政治教育（Y_1），党团和班级建设（Y_2），网络思想政治教育（Y_3），日常事务管理（Y_4），学业指导（Y_5），危机事件管理（Y_6），心理健康教育（Y_7），职业规划与就业指导（Y_8），理论和实践研究（Y_9），9个二级指标；掌握学生思想动态和思想教育方法（Z_1），开展学生世界观、人生观、价值观教育（Z_2），开展谈心谈话活动进行思想教育咨询（Z_3），指导党支部和班级团支部建设（Z_4），学生党员发展教育管理服务工作（Z_5），学生骨干和入党积极分子培养工作（Z_6），网络思想政治教育阵地（Z_7），运用网络平台拓展工作途径（Z_8），密切关注学生网络舆情（Z_9），开展"助贷勤减补"工作（Z_{10}），做好学生评优奖惩工作（Z_{11}），开展学生宿舍文化建设（Z_{12}），做好学生日常生活咨询指导工作（Z_{13}），开展学生专业和学业教育（Z_{14}），开展学风建设（Z_{15}），指导课外科技文化实践活动（Z_{16}），开展学生安全教育活动（Z_{17}），处理危机并稳定和控制局面（Z_{18}），及时上报并协助各部门处理危机（Z_{19}），开展心理筛查和排查工作（Z_{20}），开展学生心理危机与干预工作（Z_{21}），开展学生心理健康教育活动（Z_{22}），提供就业指导和信息服务（Z_{23}），帮助学生建立正确的择业就业观（Z_{24}），开展学生职业生涯规划活动（Z_{25}），参与和主持思想政治教育课题研究（Z_{26}），形成针对性和实效性的科研成果（Z_{27}），运用理论与调研方法解决实际问题（Z_{28}）。

（四）运用德尔菲法和层次分析法确定民办高校辅导员考核指标权重

建立民办高校辅导员考核指标体系后，采用德尔菲法，编写问卷，分别组织学生，从事民办高校辅导员工作1～3年、4～8年、8年以上各10名民办高校辅导员，学生处等职能部门，以及各个院系管理人员对评价指标的相对重要程度一一做出回答，然后取调查问卷结果的平均值作为该项指标的最终得分，从层次的X层开始，对从属于上一层每个因素的同层因素，用成对比较法和"1～9标度法"构造成对比较矩阵，直到最后一层。把各级因素两两比较的结果输入层次分析法软件，计算出各项指标的权重并进行层次单排序及一致性检验。

运用模糊综合评价法建立民办高校辅导员绩效考核评价模型，首先要对三级指标因素层的评价矩阵做模糊矩阵运算，得到二级指标因素层的隶属向量；再用二级指标因素层的评价矩阵做模糊矩阵运算，得到一级指标因素层对于评语集的隶属向量；再进行模糊矩阵运算，即得到目标层指标对于评语集的隶属向量的隶属度，各隶属度相加总和为"1"，若不为1，需做归一化处理。根据评语集中各元素评价值组成的矩阵，与已给出的权重相乘得出模糊矩阵综合评价结果的具体分值，即可得到民办高校辅导员考核评价的分值。

（五）民办高校辅导员退出机制

退出机制是人力资源管理的重要组成部分，是组织根据发展战略的需要，在组织中持续实现人与岗、能力与绩效、绩效与薪酬的匹配，以定期的绩效考核结果为依据，对那些达不到要求的人员，依据程度的不同，采取降职、调岗、离职培训、解雇和退休的一种人力资源管理方式。民办高校辅导员退出机制主要是指在定期及绩效考核结果的基础上，对那些达不到要求的民办高校辅导员，依据程度的不同采取降职、调岗、离职培训、解雇，从而不断在组织中持续实现人岗匹配，即能力与绩效、绩效与薪酬匹配的一种人力资源管理方式。

民办高校辅导员是高校教师和管理队伍的重要组成部分。因此，需要不断地制定相应的准入、选聘、培养、激励、退出等管理制度，不断加强民办高校辅导员队伍建设，从而不断促进民办高校辅导员向专业化、职业化、专家化方向发展。在建设民办高校辅导员队伍的过程中，在人岗匹配理论基础上，应积极引入民办高校辅导员退出机制，把民办高校辅导员退出机制作为民办高校辅导员人力资源管理的正常活动，保证人才退出的程序化、规范化、制度化。该退出机制在民办高校辅导员职业生涯中起着一定的配合和支持作用，创造了"能者上、庸者下"的环境。虽然它于无形中增加了民办高校辅导员的压力，但是这种压力能够给予他们一定的动力，能激发出他们的积极性和主动性，使其改变"干好干坏都一样"的想法，能够提升他们的工作士气，有督促和激励的作用，有利于提高民办高校辅导员队伍的工作水平。

参考文献

[1] 陈万柏，张耀灿. 思想政治教育学原理［M］. 北京：高等教育出版社，2007.

[2] 杜瑞军，周廷勇，周作宇. 大学生能力模型建构：概念、坐标与原则［J］. 教育研究，2017，38（6）:44-57.

[3] 冯刚. 辅导员队伍建设专业化建设理论与实务［M］.北京：中国人民大学出版社，2010.

[4] 付佳.高校辅导员职业化与专业化发展状况调研报告——以江苏省为例［J］. 国家教育行政学院学报，2010（8）：81-85.

[5] 高治军.辅导员工作100个怎么办［M］.南宁：广西师范大学出版社，2011.

[6] 耿乃国.高校辅导员工作理论与实务［M］.北京：北京师范大学出版社，2011.

[7] 韩延伦，刘若谷. 教育情怀：教师德性自觉与职业坚守［J］. 教育研究，2018，39（5）：83-92.

[8] 何萌.高校辅导员核心能力建设问题研究［D］.济南：山东大学，2016.

[9] 胡敏，李盛兵.高校辅导员队伍建设：离专业化有多远［J］.高教探索，2009（3）：119-122.

[10] 教育部思想政治工作司.大学生管理研究［M］.北京：高等教育出版社，2012.

[11] 教育部思想政治工作司.高等学校辅导员工作概论［M］.北京：高等教育出版社，2014.

[12] 李爱民.高校辅导员专业化发展的基本内涵及实现路径［J］.国家教育行政学院学报，2009（2）：25-29.

[13] 李贵平.高校辅导员专业化建设的途径［J］.教育评论，2010（6）：64-66.

[14] 李忠军.以职业能力建设为核心推动民办高校辅导员队伍专业化发展［J］.思想理论教育，2014（12）:97–102.

[15] 罗涤，姚木远.高校辅导员的职业倦怠状况与对策［J］.中国青年研究，2007（6）：84–86.

[16] 慕海军.高校辅导员专业化发展的对策与建议［J］.黑龙江高教研究，2010（4）：109–111.

[17] 单筱婷.社会资本视阈下克服高校辅导员职业倦怠路径探析［J］.江苏高教，2012（4）：85–86.

[18] 王德友，杨艳兰.高校辅导员有效开展思想政治教育工作的路径探析［J］.学校党建与思想教育（上半月），2008（1）：72–73.

[19] 王凤春.对高校辅导员开展日常思想政治教育工作的几点思考［J］.2012（3）：123–124.

[20] 王丽萍，姜土生.高校辅导员队伍专业化、职业化、专家化建设的内涵与逻辑［J］.思想理论教育导刊，2013（6）：123–125.

[21] 吴晓义，杜今锋.管理心理学［M］.广州：中山大学出版社，2009.

[22] 许小东，黄军伟.校本培训：高校辅导员专业化建设的有效途径［J］.思想教育研究，2009（1）：76–78.

[23] 杨继平，顾倩.大学辅导员胜任力的现状研究［J］.中国健康心理学杂志，2006，14（5）：496–499.

[24] 杨建义.高校辅导员专业成长研究——基于思想政治教育学科的视野［M］.北京：社会科学文献出版社，2013

[25] 张宏如.民办高校辅导员职业能力研究［J］.思想政治教育，2011（9）：117–119.

[26] 张立鹏.应然·实然·适然：我国高校辅导员角色的三维考量［D］.石家庄：河北师范大学，2015.

[27] 张燕丽.民办高校辅导员职业化、专业化现状分析及解决途径［J］.教育与职业，2014（18）：84–85.

[28] 郑永廷.思想政治教育方法论［M］.北京：高等教育出版社，2010.

[29] 朱孔军.大学生管理理论与方法［M］.北京：人民出版社，2010.